† **UMBRA DOCENS** †

Oráculos de Maat

VOLUME 1 — O CICLO DE OSÍRIS

✝ **UMBRA DOCENS** ✝

Oráculos de Maat

VOLUME 1   O CICLO DE OSÍRIS

ALFABETO

Publicado em 2022 pela Editora Alfabeto

Direção Editorial: Edmilson Duran
Capa: Paulo Eduardo Camilo de Souza
Diagramação: Décio Lopes
Revisão de Textos: Ana Prôa

DADOS INTERNACIONAIS DE CATALOGAÇÃO NA PUBLICAÇÃO

Docens, Umbra

Oráculos de Maat: volume 1: o ciclo de Osiris / Umbra Docens. São Paulo: Editora Alfabeto, 1ª edição, 2022.

ISBN 978-65-87905-42-6

1. Cartomancia 2. Oráculos egípcios I. Título

21-2635	CDD 133.3242

Índices para catálogo sistemático:
1. Cartomancia

Todos os direitos reservados, proibida a reprodução total ou parcial por qualquer meio, inclusive internet, sem a expressa autorização por escrito da Editora.

Rua Protocolo, 394 | São Paulo/SP
CEP 04254-030 | Tel: (11)2351-4720
E-mail: editorial@editoraalfabeto.com.br
www.editoraalfabeto.com.br

Para Puppy e Sunny,
com todo meu amor.

PREFÁCIO

Khemet, o antigo Egito – era uma terra repleta de mistérios, magia e foi fonte de inúmeros avanços. Não há como negar que, ainda hoje, persiste o fascínio causado pela grandeza dessa civilização. Seja pela ciência, arte, arquitetura ou mitos. Os antigos egípcios nos deixaram um legado cultural inestimável.

Ao nos debruçarmos sobre os mitos egípcios vemos nos Deuses figuras com as quais podemos nos identificar. Seus contos são de mães que sofrem por seus filhos, disputas de poder e busca pela justiça, amores complicados e finais nem sempre felizes... ou seja, não muito diferentes de nós. Eles também envelhecem, erram, aprendem e buscam a própria evolução. Arrisco a dizer que isso os torna ainda mais fascinantes!

Oráculos de Maat, em sua essência, nos conta uma história (na verdade duas se quisermos ser literais, mas não quero dar *spoilers* neste momento), e através dela somos apresentados a uma sabedoria ancestral, de forma simples e didática.

Se você chegou aqui por interesse nos mitos do 'Ciclo de Osíris', vai encontrar uma leitura prazerosa e cheia de curiosidades deste que foi um dos alicerces da religião egípcia. E para aqueles que buscam o crescimento espiritual, a magia do povo dos hieróglifos e um oráculo capaz de trazer luz para todas as suas questões, encontrarão nos *Oráculos de Maat* uma ferramenta muito poderosa!

8 | ORÁCULOS DE MAAT

Umbra transformou as várias passagens dos mitos em um conjunto de ilustrações inéditas, respeitando os cânones da arte egípcia. As cartas trazem uma profunda simbologia, capaz de guiar todos aqueles que se permitem adentrar nos mistérios egípcios.

Deixe-se encantar com a poesia dos mitos e vivencie todas as possibilidades contidas nesta obra!

Tempus Docens.
Co-fundador da Clavis Aurea.[1]

---

1. CLAVIS AUREA – Escola de Estudos Holísticos: www.clavisaurea.com.br

SUMÁRIO

Oráculos de Maat 11
O Ciclo de Osíris 13
Introdução 23
A Consulta 25
Usando as Cartas 27
Tiragens 33
Significado das Cartas 35

    Asar 37
    Aset 41
    Hetheru 45
    Nebthet 49
    Heru-Pa-Khered 53
    Heru 55
    Sutekh 57
    Pre-Harakhti 61
    Idade de Ouro 65
    Civilidade 67
    Embuste 71
    Golpe 75
    À Deriva 79
    Camuflagem 83
    Pista 85
    Resgate 89

ORÁCULOS DE MAAT

Cólera 91

Busca 95

Mumificação 99

Concepção 103

Delta 105

Infância 107

Vigilância 109

Guardiões 111

Castigo 113

Perdão 117

Disputa 121

Tribunal 123

Veredito 125

Desafio 129

Engano 131

Remorso 133

Guerra 137

Cura 139

Disfarce 141

Boas Novas 145

Despertar 147

Soberania 149

Semeadura 151

Conciliação 153

GLOSSÁRIO 155

BIBLIOGRAFIA 158

ORÁCULOS DE MAAT

*"Aquele que é grande vive a retidão de Maat.
A iniquidade – isfet – é algo que ele detesta.
Ele busca a companhia dos veneráveis.
Ele é o companheiro da retidão."*[1]

Maat[2] evoca a memória de uma figura feminina com a cabeça adornada por uma pluma de avestruz, uma Deusa de longas asas que assiste ao julgamento das almas no Tribunal de Asar.[3]

Contudo, Maat não é *apenas* uma face da Deusa. Ela também é a própria ordem cósmica, a lei universal, o caminho reto, a integridade, a precisão e a justiça absolutas. Uma força que permeia toda a criação, mantendo o Universo íntegro e coeso. É o poder que torna a nossa existência possível.

Em Khemet,[4] a dualidade entre bem e mal era representada pelos opostos: Maat e Isfet. Enquanto Maat simbolizava a ordem e a criação divinas, Isfet significava a transgressão, o desequilíbrio e a vitória do caos.

Um exemplo prático era a cheia do Nilo. Caso ela atrasasse ou fosse muito violenta, indicaria que as forças de Isfet estariam prevalecendo, e então *Maat* deveria ser restabelecida. Isso exigiria a cooperação de todo o povo egípcio, dentro e fora dos templos: *"Os homens responsáveis têm que combater*

---

1. Papyrus Brooklyn. JASNOW, R.
2. Outras grafias possíveis: Ma'at, Ma'et.
3. Osíris.
4. Egito antigo.

12 | ORÁCULOS DE MAAT

o mal, afirmar o bem e ser artesãos que fazem vir à existência o que deve ser".[5]

Maat era o princípio fundamental da religião, da vida e do pensamento egípcios. O caminho da iluminação consistia em viver Maat diariamente, propagando a verdade e buscando o equilíbrio. A ordem do mundo precisava ser garantida. O Universo não era tido como uma criação estática, mas sim um conjunto de acontecimentos cíclicos que estavam inseridos em um processo de contínua repetição, cuja manifestação mais notável era o percurso do Sol. O equilíbrio deveria ser mantido para que o caos não voltasse a reinar. Para que esse ciclo não fosse perturbado, era necessário que todas as forças caóticas fossem derrotadas diariamente.[6]

Acredito que este seja o mais valioso legado de Khemet: *a consciência de que a manutenção do equilíbrio e da paz deveriam ser um esforço diário* – e o retorno a esses ensinamentos é uma verdadeira necessidade para a humanidade reencontrar seu eixo, sua divina essência. Sinto que, de modo geral, nossa sociedade carece de empatia, bom senso e sinceridade, elementos indispensáveis para a conexão com os planos superiores. É preciso realizar um esforço contínuo para resgatar esses valores.

Por isso, a série *Oráculos de Maat* é um convite para despertar sua verdadeira consciência e ajudá-lo a tornar-se um *ma-a kheru*[7] – alguém que age de forma consciente, verdadeira e justa.

Cada volume da série trará uma coleção de mitos e Deuses que serão seus verdadeiros companheiros nesta jornada. **Vamos conhecê-los?**

---

5. Contos do homem do oásis (in JACQ, 2002, p. 34).

6. (CHAPOT, 2007, p. 130).

7. *"Tornar-se ma-a kheru ou 'a voz verdadeira' e, portanto, um com Ma'at era o objetivo de todos os egípcios"* (REGULA, 2002, p. 230).

O CICLO DE OSÍRIS

Asar foi um dos Neteru[8] mais adorados em Khemet, e seu culto se espalhou por todo o mundo antigo. Inicialmente, ele era uma divindade agrícola, ligada à semeadura e à fertilidade. Simbolizava a civilidade, os valores culturais e a Idade de Ouro egípcia. Com o tempo, seu mito evoluiu e ele acabou tomando para si alguns dos papéis de Anpu,[9] tornando-se Rei e Juiz dos Mortos.

A elasticidade do mito de Asar ampliou muito o alcance de seu culto e serviu como fonte de esperança ao povo egípcio. Em vida, ele garantia a fertilidade da terra e as colheitas fartas, enquanto no além-túmulo trazia a chance de vida eterna a todos os que viveram de acordo com Maat.

Neste primeiro volume da série *Oráculos de Maat*, as cartas lhe conduzirão pela evolução mitológica do Ciclo de Osíris,[10] que engloba desde a aurora do tempo, quando Asar e Aset[11] reinavam sobre a Terra, até a ascensão de Asar como senhor do Duat.[12] Acompanhe, a seguir, o mito que se desenrola na sequência das cartas.

---

8. Deuses.
9. Anúbis.
10. Versão adaptada com base nas obras *De Ísis e Osíris*, de Plutarco, *e As contendas de Hórus e Set*, no Papiro Chester Beatty I (GARDINER, 1931).
11. Ísis.
12. Duat, Amenti, Akert, Neter-Khertet. Submundo.

No início dos tempos, Asar foi o filho[13] escolhido para governar o Egito. Foi um rei muito generoso, desde o princípio. Sua sabedoria, seu senso de justiça e seu carisma promoveram a paz e o desenvolvimento. Sua presença inspirava todos a buscarem o seu melhor. Seu reinado foi lembrado para sempre como a verdadeira *Idade de Ouro* egípcia.

Diz-se que, antes do reinado de Asar, os egípcios viviam em plena barbárie, tinham hábitos terríveis e praticavam até mesmo o canibalismo. Mas, com sua imensa sabedoria, ele e sua esposa, Aset, ensinaram novos modos e habilidades ao seu povo. Asar os ensinou a cultivar os próprios alimentos e como fabricar as ferramentas necessárias para a semeadura. Também trouxe consigo a dádiva das cheias do Nilo, mudando o destino dos egípcios para sempre. Asar é o Deus da civilidade, por excelência. Por ser justo e generoso, resolveu empreender uma viagem ao redor do mundo, ensinando a outros povos e culturas como semear, obter fartura e viver em paz.

Mas nem tudo eram flores de lótus nos oásis egípcios... Como reza a sabedoria popular, é quase impossível agradar a todos. O avanço de Asar e o amor que ele recebia do povo causavam dor e mágoa em seu irmão, Sutekh,[14] que se enfurecia, cheio de inveja. Aproveitando-se da longa ausência de Asar durante sua viagem pelo mundo, Sutekh conspirou contra a vida do irmão. Quando Asar estava a caminho de casa, foi surpreendido por um convite de Sutekh e foi recebido com uma bela festa promovida por ele. Mal sabia Asar que o convite não passava de um embuste.

---

13. Primogênito da Deusa Nut e do Deus Geb (respectivamente, Deusa dos céus e Deus da terra).
14. Set, Seth; Irmão de Asar, Aset e Nebt-Het.

Sutekh preparou o banquete com muita pompa. Colocou Asar ao seu lado na mesa, como convidado de honra. Simulou afeto e ofereceu muitos elogios ao irmão. Durante o jantar, enquanto Asar contava seus feitos aos demais convidados, Sutekh o interrompeu e anunciou um desafio a todos os presentes: "Trago esta arca[15] como um magnífico presente, para quem nela couber perfeitamente!". E, assim, os convidados deitaram-se, um a um. Porém, o ardiloso Sutekh já havia tirado as medidas exatas de Asar e com elas construído a arca. Quando Asar se deitou, Sutekh e seus conspiradores lançaram-se sobre a tampa, selando-a com metal derretido. O golpe estava dado!

Para se certificar da asfixia do irmão, Sutekh e seus lacaios lançaram a arca no rio. Asar tentou libertar-se com todas as suas forças, mas não conseguiu. Percebendo seu destino, Asar lançou seu Ka[16] para fora do corpo. Mas ele não teria descanso tão cedo. A arca vagou pelas águas, noite adentro, à deriva.

A arca acabou deixando o Nilo, adentrando o mar e encalhando próximo à cidade de Biblos, na Fenícia. E dela floresceu uma bela e perfumada árvore de urze-branca,[17] que ocultou a arca em seu interior. A magnífica árvore acabou chamando a atenção de Malcander, rei da região, que ordenou que ela fosse arrancada e trazida para decorar o seu palácio. Assim foi feito e o corpo de Asar passou despercebido, envolto em camuflagem.

---

15. As fontes divergem quanto à tradução, mas as incidências mais comuns são: arca, caixa, cofre, baú, ataúde e sarcófago.

16. Ka, o corpo duplo. *"Considerado uma cópia do corpo físico (comparar com a concepção contemporânea de 'corpo astral ou fluido')"* (HARRIS, 2004, p. 17).

17. As fontes divergem muito quanto à espécie da árvore. As incidências mais comuns são: urze-branca *(Erica arborea)*, tamarix *(L. Tamarix gallica)* e acácia *(Acacia podalyriifolia)*.

16 | ORÁCULOS DE MAAT

Aset sentiu uma pontada em seu coração e logo soube das terríveis notícias. Sem hesitar, partiu em busca de seu amado. Percorreu a terra de Khemet perguntando sobre o paradeiro da arca. Ninguém soube dizer. Até que ela atingiu o extremo do país e acabou encontrando um grupo de crianças que brincavam na foz do rio Nilo. Elas indicaram que uma bela arca havia passado por ali e seguido mar adentro, rumo a Biblos. Finalmente, ela tinha uma pista. Aset agradeceu e abençoou as crianças. Como um presente da Deusa, daquele dia em diante, todas as crianças foram consideradas aptas a exercer o dom da profecia.

Aset partiu em direção à costa de Biblos para continuar sua busca. Chegando lá, ela encontrou um grupo de mulheres, servas da rainha Astarte e do rei Malcander. A Deusa então emprestou seu perfume a elas e lhes ensinou a trançarem seus cabelos à moda egípcia. A rainha ficou impressionada com o gesto e, ignorando a natureza divina de Aset, a convidou para trabalhar em sua corte, servindo como preceptora de seus filhos. Aset aceitou o convite com uma troca de favores em mente: pediu para ficar com o pilar e poder realizar o resgate do corpo de Asar. E assim foi feito.

Aset abriu o pilar, despediu-se de seus anfitriões e levou a arca consigo de volta ao Egito. Assim que encontrou um lugar tranquilo e isolado nos pântanos de Buto, colocou a arca no chão e a abriu. Ao rever o rosto de seu amado, ela chorou amargamente e abraçou o corpo dele com força. Aset hesitou um pouco, mas acabou fechando a arca e deixando o corpo de Asar para buscar a ajuda de Anpu.[18] Desacompanhada, a arca foi encontrada por Sutekh, que, cheio de cólera, esquartejou o

---

18. Anpu, Anúbis. Deus chacal dos mortos e ritos funerários. Filho de Asar e Nebt-Het.

O CICLO DE OSÍRIS | 17

corpo do irmão em 14 partes e as espalhou pelo Nilo, esperando que os crocodilos dessem cabo delas.[19]

Ao retornar, Aset descobriu a arca vazia e revirada. Procurou em vão por qualquer sinal do paradeiro de Asar. Ela soltou um grito que ecoou por todo o mundo e, então, sua irmã Nebt-Het[20] veio em seu socorro. Conhecendo as más intenções de seu marido, Nebt-Het se ofereceu para ajudar Aset na busca pelos restos mortais de Asar. Para isso, elas assumiram a forma de gaviões[21] e sobrevoaram toda a extensão do Nilo.

Um a um, os pedaços foram encontrados.[22] Ao terminar de reuni-los, as Deusas os deixaram sob os cuidados de Anpu, que realizou o processo de mumificação de Asar. O que antes eram apenas partes soltas tornou-se novamente um corpo, graças à perícia e às palavras de poder de Anpu. Aset e Nebt--Het também usaram palavras de poder. Juntas, elas oraram: *"Vem para tua casa, vem para tua casa! Tu de Iunu,[23] vem para tua casa, os teus inimigos não estão!".[24]*

---

19. Isso garantiria sua aniquilação definitiva, pois não poderia passar pelos ritos funerários tradicionais que possibilitam a vida eterna.

20. Nebt-het, Néftis, Nephthys. Irmã e esposa de Sutekh.

21. As fontes divergem muito quanto à espécie de ave, mas convergem no sentido de serem aves de rapina. Nos textos mais específicos, as maiores incidências são: gavião (nome popular dado a várias espécies de águias falconiformes das famílias *Falconidae* e *Accipitridae*), milhafre-preto *(Milvus migrans)*, peneireiro *(Falco tinnunculus)* e francelho *(Falco naumanni)*.

22. Algumas versões do mito dizem que todas as partes foram encontradas intactas. Já a versão de Plutarco afirma que o falo havia sido devorado por um peixe, fato que teria obrigado Aset a modelar um novo membro com o auxílio de heka (magia).

23. *Iunu* significava "a cidade das colunas", em razão dos muitos obeliscos erguidos em honra ao Deus Ré. Era conhecida como Heliópolis pelos gregos.

24. (ARAÚJO, 2005, p. 135).

Com a conclusão do embalsamamento, Aset foi deixada a sós com Asar. Então, ela tomou a forma de gavião e sobrevoou o corpo dele, enquanto recitava seus encantamentos a fim de atrair o Ka de Asar para a sua múmia. Ao fim, pousou sobre os quadris de seu amado e dele extraiu suas sementes. Assim se deu a concepção de Heru, fruto do eterno amor de seus pais. Finalmente, Asar teve um rito funerário digno, conforme a tradição egípcia, e seu Ka pôde descansar em paz.

Após a partida de Asar, Aset seguiu para o delta do Nilo, em busca de um lugar seguro para dar à luz Heru. Lá, acabou encontrando guarida nos domínios de Buto,[25] a Deusa serpente. A gestação e o parto de Heru foram longos e penosos. Seu nascimento certamente foi uma vitória, mas ainda havia muito a ser feito. Era preciso amadurecer e aguardar o tempo certo para confrontar Sutekh.

Apesar de a infância de Heru ter sido vivida na clandestinidade, em meio aos juncos do delta, sua existência trazia muita esperança e alegria a todos os que se aproximavam. Sua aura emanava Maat.

Buto, Aset, Nebt-Het e Het-Heru[26] revezavam-se nos cuidados com o pequeno Deus. Porém, nem mesmo essa constante vigilância pôde impedir o assédio de Sutekh. Assim que soube do nascimento, o maledicente Deus passou a enviar serpentes venenosas para atacar o sobrinho. Para ele, Heru representava o último obstáculo para a sua ascensão ao trono de Khemet.

Aconselhada por Djehuty,[27] Aset deixou o esconderijo e seguiu com Heru para encontrar um novo abrigo. Ao ficar

---

25. Buto, Edjo, Uto, Wadjet. Deusa serpente, protetora do Egito.
26. Het-Heru, Hathor. Deusa da beleza, amor e alegria.
27. Djehuty, Thot, Tot. Deus íbis, patrono da magia, sabedoria e escrita.

sabendo da situação, a Deusa Serket[28] se compadeceu deles e enviou sete escorpiões mágicos em seu auxílio. Aset agradeceu a gentileza e seguiu confiante, acompanhada de Heru e seus novos guardiões.

Ao chegar a um vilarejo, Aset e Heru tiveram uma recepção nada calorosa. Uma senhora, da alta casta, fechou as portas de sua casa evitando um possível pedido de ajuda. Aset não se importou com essa desfeita, mas os escorpiões sim. Uma pescadora muito humilde, que assistiu à cena, ofereceu abrigo a eles. Então, Aset e Heru foram com ela. Enquanto eles dormiam, os escorpiões planejaram uma vingança contra a mulher avarenta. Doaram todo o seu veneno ao mais forte deles – Tefen[29] –, que se esgueirou por baixo da porta e ferroou o primogênito da família, matando-o. Ao perceber isso, a mulher soltou um grito lancinante que acordou toda a vizinhança. Ela sabia que havia recebido seu castigo.

Ao ouvir o pranto, Aset seguiu até o local e, lá chegando, entendeu o que havia acontecido e acabou se compadecendo daquela mãe. Ela sabia que aquela perda poderia trazer ainda mais amargor ao coração da mulher. Então, sabiamente, optou por trazer o menino de volta à vida e ensinar à mãe pelas vias da gratidão e do perdão. A Deusa colocou suas mãos sobre o corpo inerte e recitou suas palavras de poder para chamar os venenos para fora: *"Ó, veneno de Tefen, vem e escorre para o chão! Que a criança viva e o veneno morra!"*.[30] Em seguida, devolveu o sopro da vida ao menino, e o coração da mãe dele se encheu de alegria, leveza e gratidão.

---

28. Serket, Serqet, Selket, Selqet. Deusa escorpião, protege contra envenenamentos.
29. Os nomes dos escorpiões eram Tefen, Befen, Mestet, Mestetef, Petet, Thetet e Matet.
30. (RUNDLE CLARK, 1989, p. 194).

20 | ORÁCULOS DE MAAT

Ao atingir a maioridade, Heru partiu para confrontar Sutekh e retomar o trono que era seu por direito. Como era de se esperar, o encontro não foi nada amistoso. Sutekh, sempre truculento, vociferou contra ele e atentou contra sua vida. Ciente da impossibilidade de uma solução consensual, Heru levou a disputa para a Assembleia dos Deuses de Iunu.[31]

Diante do Tribunal dos Neteru, Heru afirmou que o trono de Khemet deveria ter sido dado a ele, por força do direito hereditário. Porém, Sutekh afirmou ser mais forte do que o sobrinho e, por isso, o trono deveria ser seu. Mesmo assim, os Deuses logo proclamaram a vitória de Heru, sem esperar a manifestação do supremo Pre-Harakhti.[32]

Pre-Harakhti recusou-se a aceitar a decisão dos demais sem ser ouvido. Muito ofendido com o descuido da Enéada, acreditava que o veredito final pertenceria a ele – que era simpatizante de Sutekh e não acreditava que o jovem Heru tinha a experiência necessária para governar. Para Pre, o mais velho teria prioridade sobre o mais novo. Com isso, a confusão tomou conta do Tribunal dos Neteru e o resultado da disputa seguiu indefinido.

Diante da indecisão dos Deuses, Sutekh desafiou Heru: *"Deixemos que nossas forças falem por si próprias. Lutemos até a morte!"*.[33] Ao dizer isso, Sutekh se transformou em um enorme hipopótamo e lançou-se às águas do Nilo. Heru, desejando resolver logo a disputa, aceitou o desafio e fez o mesmo.

---

31. Enéada de Iunu (Heliópolis).
32. Pre-Harakhti, Re-Horakhti, Rá-Harakhty. Deus falcão, supremo criador do Universo. Líder da Enéada de Iunu. Algumas fontes trazem o Deus Atum (ou Tum) como divindade suprema da Enéada.
33. Algumas versões do mito dizem que se tratava de um desafio de resistência, que consistiria em sobreviverem submersos por três meses.

Ao ver aquela cena, Aset sentiu-se compelida a agir. Seu peito se encheu de angústia e, por mais que Heru estivesse crescido, decidiu intervir. Ela tomou um arpão de cobre e lançou-o na água, para atingir Sutekh. Mas acabou atingindo seu próprio filho por engano.

Ao se dar conta disso, Aset retirou o arpão da água e lançou-o novamente. Desta vez, atingiu Sutekh, como pretendia. *"Por que me maltratas, irmã? O que eu te fiz?"*, urrou ele. Os gritos de agonia do irmão fizeram o coração da Deusa estremecer de remorso. Então, ela acabou removendo o arpão novamente. E isso enfureceu o seu amado Heru.

A violência do confronto seguiu aumentando desenfreadamente. A guerra culminou com uma troca de golpes mortais: Heru teve seus olhos arrancados e Sutekh foi castrado.

Mas nem tudo estava perdido. Het-Heru, ama de leite de Heru, recuperou os olhos do Deus e devolveu sua visão. Heru agradeceu pela cura e recuperou as esperanças de conseguir trazer a paz de volta ao mundo. Com os ânimos arrefecidos, Heru e Sutekh retornaram ao Tribunal.

A fim de evitar maiores intromissões de Aset, o julgamento foi transferido para uma ilha isolada. Ao barqueiro que admitia os visitantes, foi ordenado que não permitisse a entrada de mulher alguma. Contudo, Aset tinha um plano. Ela utilizou seus poderes mágicos e se transformou em uma velha senhora, convencendo o barqueiro a lhe dar passagem. Em seguida, adotou o disfarce de uma bela jovem e atraiu o olhar de Sutekh, convencendo-o a deixar o Tribunal para falar com ela. A Deusa contou a ele uma história semelhante à situação ali discutida e obteve uma confissão: *"Como pode um tio querer usurpar os bens e direitos de herança, se o filho herdeiro ainda vive?"*. Em seguida, a Deusa revelou sua verdadeira identidade e fez com que Sutekh admitisse suas próprias palavras perante o Tribunal dos Deuses. Diante disso, não havia outra opção, senão reconhecer Heru como o verdadeiro faraó de Khemet.

Recém-coroado, Heru viajou ao encontro de seu pai, no Duat, para levar as boas novas pessoalmente. No caminho, recebeu homenagens de todos os seres, sendo celebrado pelos vivos e mortos.

Ao chegar, Heru *abriu a boca*[34] do pai e fez oferendas[35] de incenso. Com isso, o Ka de Asar pôde despertar. Então, o jovem Deus exclamou: *"Pai, venci! A ordem foi restabelecida! Maat prevaleceu!"*.

Desperto, Asar ocupou a posição suprema no além vida, como o Senhor de Duat, o Reino dos Mortos. E passou a julgar as almas de todos os que lá chegavam. Desde então, ninguém desafiou sua soberania.

"Meu corpo para a Terra, minha alma para o Céu",[36] exclamou Asar. E abençoou a semeadura dos campos e o ofício da agricultura. Infundiu a sua energia nas águas e garantiu o retorno das cheias do Nilo. No mesmo momento, a terra de Khemet foi tomada de verde e a fartura da Idade de Ouro foi restabelecida.

Sem escolha, Sutekh cedeu à decisão do Tribunal dos Neteru. Buscando a conciliação, ele retirou sua reinvindicação ao trono, reconheceu a legitimidade de Heru como *Rei das Duas Terras*[37] e jurou lealdade a ele. Finalmente, Maat havia prevalecido!

---

34. Ritual que permitia que uma estátua ou múmia respirasse, se alimentasse e falasse.
35. *"O teu filho Heru, campeão do teu nome e do teu santuário, faz oblações para o teu Ka"* (ARAÚJO, 2005, p. 139).
36. (RUNDLE CLARK, 1989, p. 118).
37. A expressão 'Duas Terras' refere-se ao Alto e Baixo Egito, à nação unificada.

INTRODUÇÃO

    A divinação é uma arte tão antiga quanto o próprio tempo e está presente em todas as culturas. Ao que tudo indica, ela nasceu da necessidade humana de buscar orientação no reino espiritual e ouvir os conselhos dos Deuses.

    A divinação é o poder de receber um *insight* acerca de uma situação ou questão que se apresente e, em seguida, oferecer uma orientação sobre uma forma de solucioná-la ou contorná-la. Pode ser usada para entender o presente, predizer o futuro e decifrar mensagens contidas nos sonhos, nas visões e nas premonições.[38]

    As orientações divinas podem ser consultadas de muitas formas, entre elas, sonhos, runas, gravetos, ossos, moedas e, neste caso, *cartas*! Instrumentos que transmitem as mensagens em *linguagem simbólica*, aquela que fala à nossa mente subconsciente.

    Esses símbolos que povoam os sonhos e o imaginário humano também habitam a mitologia, as lendas e os contos de todos os povos. Ao compará-los, podemos enxergar um certo padrão neles, independentemente da cultura da qual provêm.

    Quando ouvimos mitos antigos, mesmo que de culturas muito distantes da nossa, algo dentro de nós ressoa com eles. Isso acontece porque trazem símbolos e verdades universais

---

38. (HARRIS, 2004, p. 144-145).

24 | Oráculos de Maat

que nossas mentes subconscientes reconhecem, ainda que nós mesmos não tenhamos dado conta disso. Afinal, as glórias, incertezas, emoções e aspirações do espírito humano são as mesmas.

O oráculo que você tem em mãos utiliza a narrativa mítica de Asar como fonte simbólica. Ao testemunhar os caminhos, escolhas e desventuras dos Neteru, você aprenderá valiosas lições e poderá usá-las como parâmetro para fazer suas próprias escolhas.[39] Temos muito a ganhar quando observamos os erros e acertos de todos os que vieram antes de nós, sejam eles homens ou Deuses!

---

39. *"Nem sequer teremos que correr os riscos da aventura sozinhos; pois os heróis de todos os tempos nos precederam; o labirinto é totalmente conhecido. Temos apenas que seguir o fio da trilha do herói"* (CAMPBELL, 1997, p. 31).

A CONSULTA

A atitude apropriada é o primeiro passo para uma boa leitura e influencia diretamente os resultados. O oráculo não é um simples jogo de cartas, por isso, deve ser tratado com respeito. Parte dessa postura implica na formulação das perguntas. Faça perguntas objetivas e evite repeti-las em um curto espaço de tempo. Certas situações demoram para evoluir, e quem insiste em uma questão até conseguir ouvir o que quer pouco tem a aprender com o oráculo. E justamente por isso dificilmente terá a orientação que busca.

Aconselho que faça suas leituras em um local limpo, organizado e livre de distrações. De preferência, abra as cartas sobre uma toalha branca, dourada ou azul.[40]

Recomendo também que você realize um ritual simples de consagração antes do primeiro uso:

Misture uma pitada de sal grosso em um cálice de água e peça para que a luz de Rá a abençoe e carregue de poder. Faça o mesmo com um incenso de olíbano,[41] antes de acendê-lo. Feito isso, segure o baralho em sua mão esquerda e borrife nele algumas gotas da água preparada. Coloque sua mão direita sobre ele, aproximando-o do seu chakra cardíaco. Feche os olhos. Inspire

---

40. Semelhante ao lápis-lazúli, pedra sagrada de Khemet.
41. Recomendo o uso desse incenso na forma de resina. Utilize incenso de varetas apenas em último caso.

*algumas vezes e visualize uma forte luz emanando desse chakra. Projete esta luz para as cartas. Feito isso, passe as cartas gentil- mente sobre a fumaça do incenso e peça: **"Maat, permita-me enxergar a verdade, estar atento aos conselhos e agir segundo teus desígnios!"**. Está feito.*

Fique à vontade para definir seus próprios métodos de pre- paração para as consultas. Gosto muito de utilizar o incenso de olíbano, ter uma vela comigo e repetir aquela pequena prece à Maat em todas as consultas. Seja para mim ou para outra pessoa.

Aliás, tenha em mente que algumas pessoas são muito impressionáveis e podem se chocar com algumas revelações. Portanto, seja empático e paciente. Pense na maneira mais adequada de abordar os assuntos. Diga a verdade, mas dê os conselhos da melhor forma. Não economize palavras ou tempo. Seja claro e gentil. É preciso adotar uma postura acolhedora, mesmo que os conselhos sejam duros. Lembre ao consulente que nada é imutável. A grande vantagem de buscar um oráculo é poder se antecipar aos fatos, agir preventivamente e, com isso, alterar o futuro, garantindo um desfecho mais favorável para a situação. É fato que muitos consulentes nos procuram em momentos de crise e é preciso ter consciência disso.

Tudo isso é Maat!

USANDO AS CARTAS

DIVINAÇÃO

Sei que o nosso primeiro impulso é sempre o de ir direto ao ponto: fazer uma pergunta e embaralhar as cartas. Prometo que logo chegaremos lá, mas antes gostaria de sugerir que você passe os olhos pelas cartas na ordem correta e *leia a história completa!* Isso o ajudará a dominar o significado das cartas de forma mais rápida. É muito importante que você aprenda os mitos que elas descrevem, para conseguir identificar em que ponto da narrativa aquela carta se encontra, quais as forças em ação e as consequências ou o desfecho daquela situação. Tudo isso será aplicado à sua leitura, influenciando diretamente a resposta da sua questão!

As cartas estão divididas em dois grupos, que podem ser utilizados em conjunto ou separados. As cartas mitológicas narram a história de Asar, no Ciclo de Osíris, enquanto as cartas dos Neteru trazem faces e conselhos dos Deuses egípcios.

A forma mais simples de consultar este oráculo é a tiragem de uma única carta. Para isso, formule uma questão e concentre-se nela enquanto embaralha as cartas. Faça isso pelo tempo que achar necessário. Corte o baralho, se preferir. Abra um leque sobre a mesa e retire uma carta. Comece fazendo a *análise intuitiva* e complemente sua interpretação com o livro.

ANÁLISE INTUITIVA

Antes de consultar os significados no livro, mergulhe na imagem da carta. Deixe sua intuição falar mais alto. Quem são os personagens? O que está acontecendo na cena? O que o nome e as palavras-chave da carta lhe dizem? Como eles se aplicam à sua questão? Que sensações esta carta traz? Ela está carregada de Maat ou Isfet? Com isso em mente, busque o significado no livro para complementar sua leitura.

Fique à vontade para criar modelos de tiragem para questões complexas utilizando mais cartas. O oráculo é uma ferramenta e pode ser *reprogramado* a cada leitura. Ou seja, você pode definir quantas cartas serão usadas e o que cada posição representará no seu jogo. Há algumas questões que se elucidam com apenas uma carta. Outras exigem mais aprofundamento. Eu gosto muito de utilizar *tríades*, adaptando o significado das posições conforme a necessidade da pergunta. Algumas sugestões:

Passado – Presente – Futuro

Situação – Obstáculo – Solução

Eu – Relação – Parceiro

Corpo – Mente – Espírito

Também é possível realizar jogos comparativos. Para isso, disponha as cartas em duas ou mais colunas. Concentre-se em uma opção de cada vez. Embaralhe e disponha as cartas de cabeça para baixo, formando a primeira coluna. Concentre-se na segunda opção, embaralhe novamente e então escolha as novas cartas. Desvire todas as cartas e compare as colunas. Qual é a mais positiva? Quais são os prós e os contras de cada opção?

Você também pode criar métodos diferentes, utilizando as cartas dos Neteru em separado. Por exemplo: pode perguntar qual atitude seria mais benéfica para resolver certa questão ou qual Neter[42] poderia ser invocado para influenciar positivamente no resultado.

> **IMPORTANTE:**
>
> - Estude a história contada no oráculo e você memorizará o significado simbólico de cada carta;
> - Pratique bastante fazendo leituras para si, antes de fazer leituras para outras pessoas;
> - Lembre-se sempre de ter uma atitude empática e acolhedora com seus consulentes;
> - Mesmo as cartas "negativas", carregadas de Isfet, podem ser revertidas com uma atitude correta. O futuro não é fixo, portanto, não há motivo para alarde;
> - Atente-se à sincronicidades. Não ignore cartas que "pulam" enquanto você embaralha ou que apareçam repetidamente em seus jogos. Considere isso como um "recado extra" e analise como a mensagem desta carta ressoa em sua vida nesse momento.

MEDITAÇÃO

Além da função divinatória, as cartas dos Neteru podem ser utilizadas como pontos focais para meditação. Para este uso, recomendo que apoie a carta de sua preferência sobre um altar ou uma superfície elevada, para que ela fique na altura do

---

42. Deus.

seu olhar. Olhe fixamente para a carta, enquanto entoa o nome divino repetidamente, como um mantra. Enuncie cada sílaba, de forma prolongada e contínua, vibrando cada som.[43] Deixe que seu olhar se desfoque enquanto se mantém plenamente concentrado na vibração do nome do Neter.

Caso queira aprimorar a experiência, consulte as *correspondências* e *invocações* contidas na descrição das cartas de cada Neteru.

MAGIA

Assim como incensos, ervas e cristais, estas cartas também possuem a sua própria energia e podem ser utilizadas para práticas mágicas. O poder das cores, dos símbolos, das imagens e dos nomes dos Neteru se somam, formando um verdadeiro arsenal mágico.

Para utilizá-las desta forma, você terá de manipular as cartas com *foco e intenção*. O importante é ter uma ideia muito clara do que se quer. Os objetivos podem ser os mais diversos: atrair ou repelir energias, manifestar prosperidade, amor, proteção, entre outros.

Uma vez decidido seu objetivo, o primeiro passo sempre será concentrar-se e visualizar o resultado desejado. Para isso, escolha a carta apropriada – a que melhor ressoa com a sua intenção – e segure-a entre as mãos. Feche os olhos e visualize o seu desejo se manifestando. Deixe as emoções e a energia fluírem. Direcione-as para a palma de suas mãos, magnetizando a carta.

---

43. Exemplo: para meditar com Anpu, entoe repetidamente: ÂÂÂÂÂÂÂ – NNNNNNN – PUUUUUU.

Agora você tem várias opções: pode carregá-la dentro da bolsa, para favorecer seu desempenho em uma entrevista de emprego ou prova; pode colocá-la sob seu travesseiro ou ao lado de sua cabeceira para influenciar seus sonhos ou proteger seu sono; ou pode deixá-la em seu altar pessoal, para auxiliar como reforço de um feitiço. Estes são apenas alguns exemplos. As possibilidades são infinitas!

Você também pode utilizar mais de uma carta por vez e adicionar outros elementos, como fotos, moedas, nomes e datas de nascimento. Lembre-se sempre do princípio da *magia simpática*: *"Semelhante atrai semelhante"*. Use sua criatividade!

Alguns exemplos para a sua inspiração:

- *Para retomar contato com alguém afastado:* Em um pedaço de papel, escreva o seu nome completo, o nome completo e a data de nascimento da pessoa de quem deseja se reaproximar. Pegue as cartas Pista e Boas Novas *(substitua esta última pela carta Conciliação, caso o distanciamento tenha se dado por brigas ou desentendimentos)* e coloque-as uma de frente para a outra. Insira o papel com os nomes entre as cartas e prenda-as juntas com a ajuda de uma fita de cetim branca. Visualize o reencontro durante todo o processo.

- *Para proteção:* Basicamente, o mesmo processo do exemplo anterior. Substitua as cartas pelas de Aset e Nebt-Het e a cor da fita deverá ser dourada. Coloque o seu nome ou uma foto sua entre as cartas e prenda-as juntas. Visualize e sinta as deusas o envolvendo com uma aura de luz dourada durante todo o processo. Afirme: *"As luzes de Aset e Nebt-Het me envolvem e guardam!"*.

TIRAGENS

TRÍADE TEMPORAL

1. **Passado:** Indica as lições e consequências do passado que devem ser levadas em conta.

2. **Presente:** Aponta as forças operantes no momento. Sugere reflexões e conselhos para solucionar a questão colocada.

3. **Futuro:** Prevê o desfecho mais provável da situação em questão. Caso seja desfavorável, reflita e busque um novo plano de ação.

JOGO COMPARATIVO

Coluna A: Refere-se à primeira hipótese ou situação colocada. Chamemos de 'Situação A'.

Coluna B: Refere-se à segunda hipótese ou situação colocada. Chamemos de 'Situação B'.

Primeiramente, defina o propósito das cartas em cada posição. Por exemplo, que as cartas da 1ª linha (cartas 1 e 3) indicarão o resultado de cada situação; enquanto as cartas da 2ª linha (cartas 2 e 4) indicarão possíveis obstáculos de cada opção. Lembre-se que isso sempre pode ser ajustado de acordo com a sua necessidade!

Em seguida, desvire apenas as cartas da Coluna A. Faça sua leitura. Na sequência, faça o mesmo com as cartas da Coluna B.

Por fim, compare os resultados e reflita sobre qual o caminho mais favorável a seguir.

SIGNIFICADO DAS CARTAS

O baralho contém 40 cartas e está dividido em duas partes: 32 cartas mitológicas, contendo episódios do Ciclo de Osíris, e oito cartas dos Neteru.

À essa altura, você já deve ter percebido que os nomes dos Deuses estão bem diferentes dos que estamos acostumados a ouvir. Isso porque os que popularmente conhecemos são adaptações de origem grega,[44] não egípcia. Como a língua egípcia era considerada sagrada e os nomes tinham um grande poder mágico, optei por trazer as denominações dos Deuses em seu idioma original – o *egípcio médio*. Ainda que a exata sonoridade da língua seja debatida até os dias de hoje, estou certo de que os Neteru ficarão muito felizes em ouvir, mais uma vez, a verdadeira forma como eram chamados![45] Conheça a estrutura das cartas:

Cartas dos Neteru

— Nome do Neter
— Ilustração
— Nome em Hieróglifos

Cartas Mitológicas

— Nome da Carta
— Ilustração
— Palavras-chave

---

44. Anúbis, Hórus, Ísis, Néftis, Osíris, etc.
45. Não se preocupe em decorar todos os nomes imediatamente. Com tempo e experiência, tudo será assimilado. Caso tenha dúvidas, busque informação nas notas de rodapé e no glossário.

ASAR
(Osíris)

Asar é um dos mais populares e amados Deuses egípcios. Hoje, ele é mais conhecido em seu aspecto de Juiz dos Mortos, mas, originalmente, Asar foi tido como Deus da agricultura e do rio Nilo. Era ele quem trazia abundância e vida para o Egito. Após ser morto por seu irmão Sutekh, Asar ascendeu ao posto de Senhor do além vida, presidindo o Tribunal Divino na Sala dos dois Maats.

A alma de Unefer é conduzida por Anpu até o Tribunal dos Deuses. Em seguida, Anpu pesa o coração de Unefer contra a pluma de Maat, enquanto Djehuty anota o resultado e Ammut aguarda ansiosa pelo veredito. Caso o coração seja bom e puro, Unefer será absolvido e poderá viver a eternidade nos campos de juncos, na companhia de Asar. Caso contrário, seu coração será devorado por Ammut. Por fim, Unefer é conduzido por Heru até a presença de Asar, que está em seu trono, protegido por Aset e Nebt-Het.

NA SUA LEITURA: A presença de Asar pode anunciar a concretização de planos postos em execução ou a necessidade de agir estrategicamente daqui em diante, planejando os próximos passos com cautela.

Como Deus da civilidade, Asar preza a diplomacia e a solução pacífica de conflitos. Busque estratégias que se alinhem com essas virtudes. Manter a calma e a serenidade é cultivar Maat.

Asar também pode indicar um alerta para que você analise e reflita sobre as reais intenções das pessoas envolvidas na questão. Inclusive as suas próprias! Busca clareza? Ouça o seu coração!

INVOCAÇÃO

Grande Asar, Senhor dos grãos, do Nilo, da vinha e do pão! Senhor da vida, Mestre da eternidade, grande em Maat! Bem-amado de Aset, vinde!

CORRESPONDÊNCIAS

CORES: Dourado, branco e verde.
AROMAS: Estoraque e lótus.
PEDRAS: Topázio e cristal de rocha.

ASET
(Ísis)

A Grande Deusa Mãe de Khemet. Seu culto se espalhou por todo o mundo antigo e persiste até os dias de hoje. Aset talvez seja a mais popular de todos os Neteru. É a zelosa mãe de Heru. Irmã, esposa e braço direito de Asar. É a Senhora da vida, do amor, da beleza e da magia. É uma divindade protetora das mulheres e crianças, a grande nutridora.

Aset amamentando Heru-Pa-Khered.

NA SUA LEITURA: Aset é a própria personificação do amor. Ela nos inspira a cuidar uns dos outros, a protegermos nossos bem-amados – sejam eles parentes, amantes ou amigos.

Como Deusa da magia, para ela tudo é possível. Não existem causas perdidas! Por maiores que sejam as dificuldades, ela poderá ajudar você a encontrar uma solução.

Ame-se e permita que esse amor transborde!

INVOCAÇÃO

Salve, Aset, filha de Nut! Deusa das estrelas: os céus cantam teus muitos nomes! Grande Mãe do Universo, Senhora da magia, do amor e da vida! Bem-amada de Asar, Mãe de Heru, vinde!

CORRESPONDÊNCIAS

CORES: Dourado, azul-claro e terracota.
AROMAS: Mirra, lótus, almíscar, sangue de dragão e cedro.
PEDRAS: Lápis-lazúli, safira e ametista.

HETHERU
(Hathor)

 Deusa celeste, protetora das mulheres e crianças, senhora do amor, da música, da dança e de todos os prazeres. Contudo, ela também possui uma face sombria: é a grande vingadora de Rá, confundindo-se com a Deusa Sekhmet.[46] Het-Heru é guardiã de Maat, de tudo o que é bom, íntegro e justo.

Hetheru em meio aos juncos.

---

46. Sakhmet, Sekhet, Sakhet. ´A Poderosa´. Deusa da guerra e da medicina.

NA SUA LEITURA: A presença de Het-Heru indica uma força extra para derrubar obstáculos e vencer desafios. Ela aponta para uma retomada do equilíbrio natural das coisas, bem como para a alegria que isso proporciona.

Mágoas e desentendimentos podem ser desfeitos com o poder curativo de Het-Heru. Permita-se!

INVOCAÇÃO

Het-Heru, filha de Rá! Senhora de Iunet, vaca celeste, mãe nutridora! Portadora do sistro, Senhora da dança, do amor e da vida! Deusa de coração dourado, bem-amada de Heru, vinde!

CORRESPONDÊNCIAS

CORES: Dourado, turquesa, damasco e coral.
AROMAS: Sândalo, lótus e rosa.
PEDRA: Turquesa.

NEBTHET
(Néftis)

 É uma divindade protetora. Ela é chamada de 'amiga das almas'. Seu nome significa 'Senhora da Casa'. É a inseparável irmã de Aset, a quem presta auxílio na busca pelos restos mortais de Asar. Sua lealdade a Maat é tamanha que ela opta por ficar ao lado da irmã, em vez de apoiar seu marido Sutekh. Na verdade, Nebt-Het atua como uma força reparadora, agindo de forma ativa para desfazer os efeitos de todo Isfet causado por seu marido.

Nebt-Het

NA SUA LEITURA: A presença de Nebt-Het indica que o mal pode ser desfeito e que ainda há chance de reconciliar pontos de vista e resolver mal-entendidos. Ela também nos lembra de que devemos estar sempre atentos a Maat ao escolhermos nossos posicionamentos.

INVOCAÇÃO

Nebt-Het, Senhora do mundo invisível, grande na magia, amiga das almas! Protetora de Heru, sábia conselheira, bem-amada de Aset, vinde!

CORRESPONDÊNCIAS

CORES: Prateado, verde pálido e verde acinzentado.
AROMAS: Almíscar, lótus, tabaco e mirra.
PEDRAS: Pérola, rubi, safira e cristal de rocha.

HERU-PA-KHERED
(Harpócrates)

"Heru criança" é uma forma de "Heru-Sa-Aset", conhecido pelos gregos como Harpócrates. Ele representa a inocência e vulnerabilidade das crianças, qualidades que inspiram o amor e a proteção maternais. Ele é o potencial contido em todas as criaturas vivas, é a centelha divina que arde em todos nós. Representa o estágio inicial de nossas ideias e sonhos. Ele é a verdadeira materialização do desejo e amor de Aset!

NA SUA LEITURA: Quando Heru-Pa-Khered surge em seu jogo, indica que é tempo de tomar as medidas necessárias à preservação e manifestação dos seus sonhos. Planejar e colocar-se em ação! Sua presença também sugere maiores possibilidades de sucesso ao contar com ajuda externa, sobretudo de pessoas próximas. Se não está certo de como proceder, busque o conselho de pessoas queridas e experientes.

INVOCAÇÃO

Heru-Pa-Khered, bem-amado de Aset! Teu brilho reflete o amor de teus pais, mil vezes bendito! Criança da promessa, luz do mundo, sonho encarnado, vinde!

CORRESPONDÊNCIAS

CORES: Dourado e amarelo-claro.
AROMAS: Olíbano, lótus e mirra.
PEDRAS: Rubi e jaspe vermelho.

HERU
(Hórus)

Deus solar, é a forma adulta de Heru-Pa-Khered. Filho de Aset e Asar, é o vingador de seu pai e o verdadeiro campeão de Maat. Aquele que veio ao mundo para restabelecer a ordem. Ele é o defensor dos inocentes contra todas as injustiças terrenas.

NA SUA LEITURA: A presença de Heru indica a necessidade de restabelecer o equilíbrio das coisas. *Aparar arestas*, mesmo que isso signifique ruptura, seja de laços, seja uma quebra de padrões e paradigmas desgastados. Heru é uma força de luz resolutiva, que não compactua com inércia ou preguiça. A hora de agir é agora! Conte com a luz dele para esclarecer dúvidas e situações obscuras.

INVOCAÇÃO

Salve, Heru, o grande falcão dourado que tudo vê! A luz de Maat reluz em ti com a força de mil sóis! Bendito seja por todos os éons! Grande guerreiro, bem-amado de seus pais, vinde!

CORRESPONDÊNCIAS

CORES: Dourado e amarelo-ouro.
AROMAS: Olíbano, lótus, tabaco e sangue de dragão.
PEDRAS: Rubi e jaspe vermelho.

SUTEKH
(Set)

É o Deus dos desertos e das tempestades. Nos mitos mais antigos, Sutekh não era exatamente um vilão. Pelo contrário, ele ocupava a proa da Barca Solar, defendendo o Deus Sol contra Apep – a serpente do caos. Contudo, no Ciclo de Asar, Sutekh assume sua forma mais conhecida, incorporando o aspecto ceifador e conspirando contra a vida do próprio irmão.[47]

NA SUA LEITURA: Sutekh nos lembra que nem tudo são flores. É preciso estar atento a tudo: às mudanças, às consequências de nossas escolhas, às nossas companhias e aos relacionamentos. Redobre a atenção para não ser pego desprevenido!

Outro viés de interpretação que Sutekh traz à tona é a consciência de nossa sombra. Ele expõe tudo aquilo que reprimimos em nossa personalidade: inveja, egoísmo, cinismo, egocentrismo exacerbado e demais sentimentos negativos. É muito fácil julgarmos as atitudes do Deus neste mito. Difícil mesmo é admitir que, às vezes, também agimos como egoístas, interesseiros, impiedosos ou invejosos.

Contudo, é possível utilizar o potencial da sombra como aliado, na busca de equilíbrio. Por exemplo, uma pessoa altruísta ou crédula demais certamente será presa fácil nas mãos de

---

47. Para os antigos egípcios, a inconsistência entre os diversos mitos não era vista como um problema, e sim como diferentes formas de ver e entender os Deuses e o mundo.

oportunistas. Mas ela pode encontrar o seu senso de autopreservação em sua própria sombra.

Lembre-se sempre de que a consciência sobre a existência de um problema é sempre o primeiro passo para sua solução.

INVOCAÇÃO

Poderoso Sutekh, Senhor do deserto e das tempestades! Ensina-me a navegar nas revoltas águas da vida! Eu chamo por aquele cuja voz estremece os pilares do mundo: vinde!

CORRESPONDÊNCIAS

COR: Vermelho.
AROMAS: Almíscar, mirra negra e absinto.
PEDRA: Diamante negro.

PRE-HARAKHTI
(Rá-Harakti)

Deus solar, criador do Universo[48] e Pai dos Deuses da Enéada. Representa a luz do amanhecer e a renovação diária dos ciclos naturais. No mito "as contendas de Hórus e Set", representado neste oráculo, Pre-Harakhti se sente ignorado e desrespeitado pelos demais Neteru. Com o orgulho ferido, mostra-se severo e inflexível.

NA SUA LEITURA: A presença de Pre-Harakhti pode indicar uma das seguintes situações:

- É preciso abandonar velhas ideias e padrões. Por vezes, insistimos em manter certos vínculos e comportamentos por puro capricho! Vale mesmo a pena insistir? Para abrir-se ao novo, o velho deve ir.

- Você tem tido dificuldade em verbalizar sua opinião ou suas vontades? Às vezes, é preciso um esforço extra para se fazer ouvir. Como diz o ditado: "Quem cala consente".

- Teria alguém próximo, mais experiente do que você, com quem possa contar? Pode ser um familiar, amigo ou colega. Um olhar externo pode ajudar a aclarar suas opções e apontar uma direção.

Reflita para identificar qual delas está se manifestando em sua vida.

---

48. Forma do Deus solar Ré – a tradução literal do nome significa "O Rá, Hórus do horizonte" (SHAFER, 1991, p. 111).

INVOCAÇÃO

Salve, Pre-Harakhti, grande Senhor dos céus! Glorioso falcão da alvorada, o Autocriado, disco solar flamejante! Amado e bendito Pai dos Deuses, vinde!

CORRESPONDÊNCIAS

CORES: Dourado e azul-marinho.
AROMAS: Olíbano, lótus, canela e mirra.
PEDRAS: Topázio, olho de tigre e diamante amarelo.

IDADE DE OURO

No início dos tempos, Asar foi o filho[49] escolhido para governar o Egito. Foi um rei muito generoso, desde o princípio. Sua sabedoria, seu senso de justiça e seu carisma promoveram a paz e o desenvolvimento. Sua presença inspirava todos a buscarem o seu melhor. Seu reinado foi lembrado para sempre como a verdadeira **Idade de Ouro** egípcia.

Energia:	Maat
Palavras-chave:	Equilíbrio, ordem, paz

Asar foi um rei muito bom para seu povo. Dotado de um grande senso de justiça e sabedoria, apaziguou os conflitos e instruiu os egípcios com bons exemplos. Seu reinado foi chamado de a Idade de Ouro egípcia, pois Maat estava sempre presente.

NA SUA LEITURA: Esta carta inaugura a sequência das *Cartas Mitológicas* do Ciclo de Osíris e anuncia um tempo de paz, tranquilidade e crescimento. Favorece novas oportunidades e projetos. Você tem tudo o que precisa para virar a página e iniciar uma nova fase. Ainda que não se sinta totalmente preparado, a hora de agir é agora!

LIÇÃO: O equilíbrio interior reverbera em seu entorno. Mantenha seus pensamentos e suas emoções em ordem, e o Universo ajudará com o resto.

---

49. Primogênito da Deusa Nut e do Deus Geb (respectivamente, Deusa dos céus e Deus da terra).

CIVILIDADE

*Diz-se que, antes do reinado de Asar, os egípcios viviam em plena barbárie. Tinham hábitos terríveis e praticavam até mesmo o canibalismo. Mas, com sua imensa sabedoria, ele e sua esposa, Aset, ensinaram novos modos e habilidades ao seu povo. Asar os ensinou a cultivar os próprios alimentos e a fabricar as ferramentas necessárias para a semeadura. Também trouxe consigo a dádiva das cheias do Nilo, mudando o destino dos egípcios para sempre. Asar é o Deus da **civilidade** por excelência. Por ser justo e generoso, resolveu empreender uma viagem ao redor do mundo, ensinando a outros povos e culturas como semear, obter fartura e viver em paz.*

Energia:	Maat
Palavras-chave:	Ascenção, auxílio, transformação

Para Asar, não bastava ver o seu próprio povo feliz. Como um verdadeiro embaixador de Maat no mundo, ele empreendeu uma jornada civilizatória levando a boa nova aos quatro cantos da Terra. Para atingir seu objetivo, a comunicação e o bom exemplo foram cruciais.

NA SUA LEITURA: Esta carta indica um período positivo para estabelecer boas parcerias e estreitar laços nos relacionamentos e negócios. Ela também fala sobre inovação, aprendizado e ensino. Abra-se para novas ideias, projetos e pontos de vista. A ordem do dia é comunicar-se para construir!

Por vezes, antes de avançar, é preciso abandonar velhos hábitos, ideias e comportamentos que nada agregam e impedem o seu progresso. O que você deve mudar para poder seguir em frente?

LIÇÃO: Comunicação é a chave que move os relacionamentos. Conhecimento, ideias e sentimentos devem ser compartilhados. Expresse-se!

EMBUSTE

*Mas nem tudo eram flores de lótus nos oásis egípcios... Como reza a sabedoria popular, é quase "impossível agradar a todos". O avanço de Asar e o amor que ele recebia do povo causavam dor e mágoa em seu irmão Sutekh,[50] que se enfurecia, cheio de inveja. Aproveitando-se da longa ausência de Asar durante sua viagem pelo mundo, Sutekh conspirou contra a vida do irmão. Quando Asar estava a caminho de casa, foi surpreendido por um convite de Sutekh e foi recebido com uma bela festa promovida por ele. Mal sabia Asar que o convite não passava de um **embuste**.*

Energia:	Isfet
Palavras-chave:	Falsidade, ilusões, traição

A inveja e o ressentimento envenenaram o coração de Sutekh. Em vez de buscar suas próprias vitórias, ele preferiu usurpar o trono de Asar. O bom Deus, por sua vez, recusava-se a enxergar seu irmão como um adversário. Tratava Sutekh com amor e respeito, esperando a natural retribuição.

NA SUA LEITURA: Esta carta representa um alerta, sobretudo com relação à sinceridade de intenções. Você está sendo claro e honesto consigo mesmo? E com os outros? Feita esta checagem, pergunte-se sobre os demais envolvidos: as intenções deles são claras? Você se permite enxergar sinais de perigo?

---

50. Set, Seth; Irmão de Asar, Aset e Nebt-Het.

Não se deixe levar apenas pelas aparências. Possivelmente, há algo oculto a ser desvendado. Reflita sobre o que poderia ser, antes de tomar decisões.

LIÇÃO: A orientação vinda dos planos superiores só é bem aproveitada se estivermos atentos e abertos às suas mensagens e aos seus sinais. Reconecte-se!

GOLPE

Sutekh preparou o banquete com muita pompa. Colocou Asar ao seu lado na mesa, como convidado de honra. Simulou afeto e ofereceu muitos elogios ao irmão. Durante o jantar, enquanto Asar contava seus feitos aos demais convidados, Sutekh o interrompeu e anunciou um desafio a todos os presentes: "Trago esta arca,[51] como um magnífico presente, para quem nela couber perfeitamente!". E, assim, os convidados deitaram-se, um a um. Porém, o ardiloso Sutekh já havia tirado as medidas exatas de Asar e com elas construído a arca. Quando Asar se deitou, Sutekh e seus conspiradores lançaram-se sobre a tampa, selando-a com metal derretido. O **golpe** estava dado!

Energia:	Isfet
Palavras-chave:	Imprudência, retaliação, infortúnio

Nem mesmo a grande sabedoria de Asar o salvou de ser pego desprevenido. Um misto de negação e autoconfiança exagerada selaram seu destino.

NA SUA LEITURA: É preciso estar atento às oscilações e marés da sorte. Não seja traído pelo excesso de confiança. Antecipe-se às crises e planeje caminhos alternativos.

---

51. As fontes divergem quanto à tradução. As incidências mais comuns são: arca, caixa, cofre, baú, ataúde e sarcófago.

Esta carta também pode ser um alerta sobre influências externas na questão. Além de identificar as fontes, é preciso traçar um plano para neutralizar ou, ao menos, minimizar os efeitos nocivos dessas influências.

LIÇÃO: Prudente é aquele que se antecipa aos infortúnios e enxerga a vida como um grande leque de possibilidades.

À DERIVA

*Para se certificar da asfixia do irmão, Sutekh e seus lacaios lançaram a arca no rio. Asar tentou libertar-se com todas as suas forças, mas não conseguiu. Percebendo seu destino, Asar lançou seu Ka[52] para fora do corpo. Mas ele não teria descanso tão cedo. A arca vagou pelas águas noite adentro, **à deriva**.*

Energia:	Isfet
Palavras-chave:	Coerção, abandono, limitação

Mesmo atado, Asar não desistiu e lutou até o último momento. Ainda que as circunstâncias fossem altamente desfavoráveis, ele não se deixou tomar pelo desespero. Nos últimos momentos, fez um esforço consciente para centrar-se e projetar seu corpo astral para além dos limites do corpo físico. Isso nos faz lembrar de que sempre há uma saída para toda e qualquer situação. E que, muitas vezes, a solução para sanar as dificuldades externas encontra-se dentro de nós.

NA SUA LEITURA: Esta carta geralmente aponta para uma situação conflituosa, na qual você se sente atado, sem escolhas. Porém, nada é absoluto. Apesar de a solução não estar à vista, nada está perdido. Você não está abandonado à própria sorte.

---

52. Ka, o corpo duplo. *"Considerado uma cópia do corpo físico (comparar com a concepção contemporânea de 'corpo astral ou fluido')"* (HARRIS, 2004, p. 17).

Reflita sobre todas as possibilidades, trace um plano. Não se permita ser mera vítima das circunstâncias. Lute!

LIÇÃO: Nunca perca a fé ou a esperança. A resiliência é uma virtude dos fortes.

CAMUFLAGEM

A arca acabou deixando o Nilo, adentrando o mar e encalhando próximo à cidade de Biblos, na Fenícia. E dela floresceu uma bela e perfumada árvore de urze-branca,[53] que ocultou a arca em seu interior. A magnífica árvore acabou chamando a atenção de Malcander, rei da região, que ordenou que ela fosse arrancada e trazida para decorar o seu palácio. Assim foi feito e o corpo de Asar passou despercebido, envolto em **camuflagem**.

Energia:	Maat
Palavras-chave:	Trégua, atraso, descaminho

A poderosa aura de Asar gerou e nutriu a árvore, que cresceu vigorosamente. Seu corpo ganhou a proteção do rei Malcander, que, mesmo sem saber, o trouxe para dentro dos muros do palácio, a salvo do alcance de Sutekh.

NA SUA LEITURA: Esta carta indica uma *trégua*. Um momento para ponderar e buscar seu equilíbrio interno. É preciso tomar fôlego antes de um mergulho profundo. Portanto, não é um bom momento para agir com impulsividade. Aproveite a pausa para rever seus planos e programar os próximos passos.

LIÇÃO: As melhores decisões são tomadas com uma mente tranquila. Não se apresse!

---

53. As fontes divergem muito quanto à espécie da árvore. As incidências mais comuns são: urze-branca *(Erica arborea)*, tamarix *(L. Tamarix gallica)* e acácia *(Acacia podalyriifolia)*.

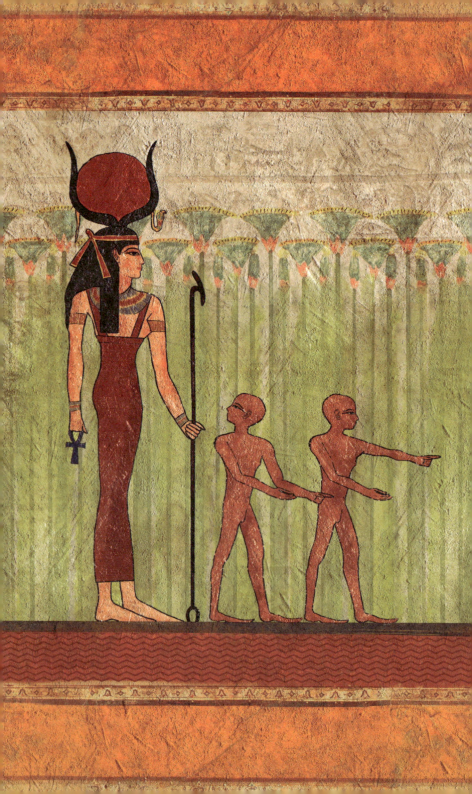

PISTA

*Aset sentiu uma pontada em seu coração e logo soube das terríveis notícias. Sem hesitar, partiu em busca de seu amado. Percorreu a terra de Khemet perguntando sobre o paradeiro da arca. Ninguém soube dizer. Até que ela atingiu o extremo do país e acabou encontrando um grupo de crianças que brincavam na foz do rio Nilo. Elas indicaram que uma bela arca havia passado por ali e seguido mar adentro, rumo a Biblos. Finalmente, ela tinha uma **pista**. Aset agradeceu e abençoou as crianças. Como um presente da Deusa, daquele dia em diante, todas as crianças foram consideradas aptas a exercer o dom da profecia.*

Energia:	Maat
Palavras-chave:	Esperança, boas novas, alento

Aset não precisou ouvir de ninguém para saber que havia algo errado. Seu coração sentiu a dor da perda e a impulsionou rumo ao encontro de seu bem-amado. Quando tudo parecia estar perdido, recebeu orientação de fontes inesperadas, que acabaram reacendendo suas esperanças.

NA SUA LEITURA: Esta carta indica um sopro de tranquilidade e energia. Por mais que a situação pareça caótica, ainda há boas chances de as coisas entrarem nos eixos. Use sua intuição, mas abra-se para receber orientação externa. Busque aconselhamento com amigos e pessoas de confiança. Não raro, a ajuda também poderá vir de uma fonte inesperada. Nem tudo está perdido, o jogo não terminou!

LIÇÃO: O Universo sempre se encarrega de trazer os sinais àqueles que estão dispostos a vê-los.

RESGATE

*Aset partiu em direção à costa de Biblos para continuar sua busca. Chegando lá, ela encontrou um grupo de mulheres, servas da rainha Astarte e do rei Malcander. A Deusa então emprestou seu perfume a elas e lhes ensinou a trançarem seus cabelos à moda egípcia. A rainha ficou impressionada com o gesto e, ignorando a natureza divina de Aset, a convidou para trabalhar em sua corte, servindo como preceptora de seus filhos. Aset aceitou o convite com uma troca de favores em mente: pediu para ficar com o pilar e poder realizar o **resgate** do corpo de Asar. E assim foi feito.*

Energia:	Maat
Palavras-chave:	Reencontros, conclusão, sinais

Aset tem um jeito muito próprio de conseguir o que quer. Neste ponto do mito, vemos a Deusa dar início a um *ciclo virtuoso*, tocando o coração das pessoas. Ela demonstra isso tanto ao tratar as servas com respeito, cuidado e carinho, quanto ao aceitar o pedido de Astarte. A Deusa poderia ter exigido de pronto ou ameaçado seus anfitriões para recuperar a arca, mas optou pela via contrária. Ao sentir a proximidade de seu bem-amado, seu espírito se tranquilizou.

NA SUA LEITURA: A resposta ou o desfecho desta situação depende muito da sua própria postura e atitude. Como você avalia suas ações até aqui? Esta carta também pode indicar o fim de um ciclo, um virar de página.

LIÇÃO: O amor é melhor mestre do que o temor.

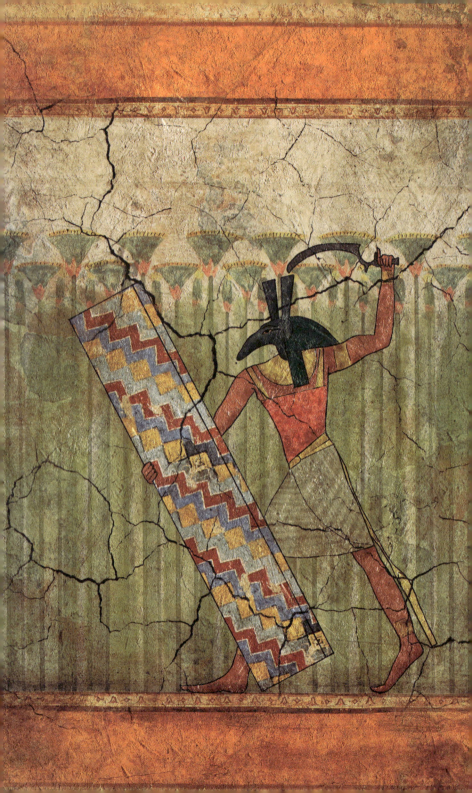

CÓLERA

*Aset abriu o pilar, despediu-se de seus anfitriões e levou a arca consigo de volta ao Egito. Assim que encontrou um lugar tranquilo e isolado nos pântanos de Buto, colocou a arca no chão e a abriu. Ao rever o rosto de seu amado, ela chorou amargamente e abraçou o corpo dele com força. Aset hesitou um pouco, mas acabou fechando a arca e deixando o corpo de Asar para buscar a ajuda de Anpu.[54] Desacompanhada, a arca foi encontrada por Sutekh, que, cheio de **cólera**, esquartejou o corpo do irmão em 14 partes e as espalhou pelo Nilo, esperando que os crocodilos dessem cabo delas.[55]*

Energia:	Isfet
Palavras-chave:	Descontrole, ira, calamidade

Quando a amargura e o ódio fazem morada, as consequências são terríveis. Tomado de fúria, Sutekh não resistiu aos impulsos de cometer o mais vil dos crimes e destruiu o corpo do irmão. Para ele, a morte de Asar não foi o suficiente. Quis também destruir sua memória e suas chances de alcançar a vida eterna no Duat.

---

54. Anpu, Anúbis. Deus chacal dos mortos e ritos funerários. Filho de Asar e Nebt-Het.
55. Isso garantiria sua aniquilação definitiva, pois não poderia passar pelos ritos funerários tradicionais que possibilitam a vida eterna.

NA SUA LEITURA: Esta carta pode indicar perigo à frente e acontecimentos inesperados. Existem padrões comportamentais a serem trabalhados de forma urgente. Atitudes e pensamentos limitantes, que não combinam com o seu plano de vida, precisam ser eliminados. Encare os desafios como provas para seu crescimento.

LIÇÃO: A ira é péssima conselheira. Respire, reflita, reconsidere!

BUSCA

*Ao retornar, Aset descobriu a arca vazia e revirada. Procurou em vão por qualquer sinal do paradeiro de Asar. Ela soltou um grito que ecoou por todo o mundo e, então, sua irmã Nebt-Het [56] veio em seu socorro. Conhecendo as más intenções de seu marido, Nebt-Het se ofereceu para ajudar Aset na **busca** pelos restos mortais de Asar. Para isso, elas assumiram a forma de gaviões [57] e sobrevoaram toda a extensão do Nilo.*

Energia:	Isfet
Palavras-chave:	Tristeza, obstáculos, provação

O coração de Aset é colocado à prova novamente. A dor é imensa, mas não há tempo para o luto. É preciso agir com rapidez para reverter o malfeito. Mesmo sem pedir, ela obtém uma aliada poderosa que a acompanha em sua jornada.

NA SUA LEITURA: Esta carta indica dificuldades na obtenção dos resultados desejados. Encare isso como um teste de resiliência. Você realmente deseja alcançar, conquistar, resolver isso? Então encare esta etapa como um sacrifício necessário à sua evolução e ao seu sucesso. Mas quem disse que o fardo

---

56. Nebt-het, Néftis, Nephthys; irmã e esposa de Sutekh.
57. As fontes divergem muito quanto à espécie de ave, mas convergem no sentido de serem aves de rapina. Nos textos mais específicos, as maiores incidências são: gavião (nome popular dado a várias espécies de águias falconiformes das famílias *Falconidae* e *Accipitridae*), milhafre-preto *(Milvus migrans)*, peneireiro *(Falco tinnunculus)* e francelho *(Falco naumanni)*.

não pode ser dividido? Busque aconselhamento com pessoas de sua confiança.

LIÇÃO: Em tempos de dor e dificuldade é que os verdadeiros amigos se revelam.

MUMIFICAÇÃO

Um a um, os pedaços foram encontrados.[58] Ao terminar de reuni-los, as Deusas os deixaram sob os cuidados de Anpu, que realizou o processo de **mumificação** de Asar. O que antes eram apenas partes soltas tornou-se novamente um corpo, graças à perícia e às palavras de poder de Anpu. Aset e Nebt-Het também usaram palavras de poder. Juntas, elas oraram: "Vem para tua casa, vem para tua casa! Tu de Iunu,[59] vem para tua casa, os teus inimigos não estão!".[60]

Energia:	Maat
Palavras-chave:	Reconstrução, cura, magia

Asar foi deixado sob os cuidados de Anpu, e o sábio Deus chacal soube exatamente o que fazer. Ele purificou o corpo com vinho de palma, natrão e incenso, ao mesmo tempo que entoava fórmulas mágicas. Suas mãos brilhavam intensamente enquanto ele manipulava as bandagens de linho e dava forma à primeira múmia egípcia. O corpo de Asar foi reconstituído!

---

58. Algumas versões do mito dizem que todas as partes foram encontradas intactas. Já a versão de Plutarco afirma que o falo havia sido devorado por um peixe, fato que teria obrigado Aset a modelar um novo membro com o auxílio de heka (magia).
59. Iunu, significava "a cidade das colunas", em razão dos muitos obeliscos erguidos em honra ao Deus Ré. Era conhecida como Heliópolis pelos gregos.
60. (ARAÚJO, 2005, p. 135).

NA SUA LEITURA: Tudo pode ser sanado e resolvido. Por mais difícil que seja a situação, a presença de Anpu indica uma saída viável. Ele é como "O Mago" do tarô, unindo o mundo dos Deuses e dos homens. Para ele, nada é impossível!

Esta carta sugere um reencontro com o seu *eu mágico* e a sua infinita capacidade criativa. Medite, reconecte-se, peça e terá!

LIÇÃO: A centelha divina brilha em seu interior. Alimente-a e tudo será possível!

CONCEPÇÃO

Com a conclusão do embalsamamento, Aset foi deixada a sós com Asar. Então, ela tomou a forma de gavião e sobrevoou o corpo dele, enquanto recitava seus encantamentos a fim de atrair o Ka de Asar para a sua múmia. Ao fim, pousou sobre os quadris de seu amado e dele extraiu suas sementes. Assim se deu a **concepção** de Heru, fruto do eterno amor de seus pais. Finalmente, Asar teve um rito funerário digno, conforme a tradição egípcia, e seu Ka pôde descansar em paz.

Energia:	Maat
Palavras-chave:	Potencial, energia, criatividade

Aset é a Deusa do amor e da magia. Neste ponto do mito, ela foca toda sua energia em um ato de amor que transcende os limites do que, até então, se imaginava possível. Ela é a *Mãe do Mundo*, aquela que cria, nutre e protege os seus.

NA SUA LEITURA: Esta carta favorece positivamente todas as questões. A sua capacidade criativa está em alta. Você é capaz de promover cura e solução por onde passa. Utilize as emoções a seu favor. Tranquilize-se.

LIÇÃO: O verdadeiro amor é fortaleza. Ele soma e constrói.

DELTA

Após a partida de Asar, Aset seguiu para o **delta** do Nilo, em busca de um lugar seguro para dar à luz Heru. Lá, acabou encontrando guarida nos domínios de Buto,[61] a Deusa serpente. A gestação e o parto de Heru foram longos e penosos. Seu nascimento certamente foi uma vitória, mas ainda havia muito a ser feito. Era preciso amadurecer e aguardar o tempo certo para confrontar Sutekh.

Energia:	Maat
Palavras-chave:	Recolhimento, espera, amadurecimento

Mesmo a poderosa Aset teve de enfrentar um período de recolhimento. Era preciso recuperar suas forças para garantir a segurança de seu amado Heru.

NA SUA LEITURA: É tempo de plantar as sementes. Portanto, não se apresse! Dedique atenção aos detalhes e a cada passo do caminho, pois eles definirão o resultado. A paciência e o recolhimento são peças-chave nesse momento. Procure não se expor demasiadamente. Guarde segredo sobre seus projetos até que eles tenham ganhado mais corpo.

LIÇÃO: Existe um sábio conselheiro dentro de cada um de nós. Dê voz e espaço ao seu!

---

61. Buto, Edjo, Uto, Wadjet. Deusa serpente, protetora do Egito.

INFÂNCIA

*Apesar de a **infância** de Heru ter sido vivida na clandestinidade, em meio aos juncos do delta, sua existência trazia muita esperança e alegria a todos os que se aproximavam. Sua aura emanava Maat.*

Energia:	Maat
Palavras- chave:	Inícios, pureza, esperança

A presença de Heru trazia uma nova dinâmica e energia à vida no delta. Sua existência, por si só, já conferia maior equilíbrio à ordem cósmica. Maat era a sua força.

NA SUA LEITURA: Esta carta indica inícios e novas oportunidades. Favorece novos projetos, gravidez e todas as mudanças positivas. O abandono de velhos hábitos e a adoção de novos ganham impulso especial. A carta também indica os valores da inocência, pureza, boas intenções e esperança. Pergunte-se: você tem nutrido seus sonhos e sua criança interior? O que o seu *eu jovem* sussurra ao seu coração?

LIÇÃO: A diferença entre a ação e a inércia é o primeiro passo.

VIGILÂNCIA

Buto, Aset, Nebt-Het e Het-Heru[62] revezavam-se nos cuidados com o pequeno Deus. Porém, nem mesmo essa constante **vigilância** pôde impedir o assédio de Sutekh. Assim que soube do nascimento, o maledicente Deus passou a enviar serpentes venenosas para atacar o sobrinho. Para ele, Heru representava o último obstáculo para a sua ascensão ao trono de Khemet.

Energia:	Isfet
Palavras-chave:	Provações, dificuldades, alerta

Enquanto Heru emanava Maat, o coração de Sutekh transbordava Isfet e ansiava pela destruição de tudo o que lembrasse Asar. Por isso, não se pode dizer que Heru teve uma infância tranquila. O pequeno Deus precisou enfrentar hordas de animais peçonhentos enviados, diariamente, pelo tio.

NA SUA LEITURA: Prepare-se para uma série de testes. O enfrentamento de alguns conflitos foi protelado por tempo demais. Mesmo que não se sinta totalmente pronto, é preciso enfrentá-los para seguir em frente. Esta carta também alerta sobre possíveis maquinações, mentiras ou traições. Ouça sua intuição!

LIÇÃO: Existem coisas que preferimos não enxergar. Mas o ato de fechar nossos olhos não afasta o perigo.

---

62. Het-Heru, Hathor. Deusa da beleza, amor e alegria.

GUARDIÕES

*Aconselhada por Djehuty,[63] Aset deixou o esconderijo e seguiu com Heru para encontrar um novo abrigo. Ao ficar sabendo da situação, a Deusa Serket[64] se compadeceu deles e enviou sete escorpiões mágicos em seu auxílio. Aset agradeceu a gentileza e seguiu confiante, acompanhada de Heru e seus novos **guardiões**.*

Energia:	Maat
Palavras-chave:	Auxílio, companhia, proteção

Neste ponto do mito, vemos a grande Aset acatando conselhos e recebendo auxílio dos demais Neteru. Não há qualquer demérito em contar com apoio externo. Afinal, toda ajuda é bem-vinda! O importante é não se abater diante das adversidades e seguir em frente.

NA SUA LEITURA: Esta carta indica avanços, mesmo em meio a dificuldades e contratempos. Novas ideias, posturas e atitudes são muito bem-vindas. Se der o primeiro passo, poderá contar com um *empurrãozinho* do Universo para fazer as coisas a seu modo. Esta carta também favorece a recuperação física.

LIÇÃO: Você nunca está verdadeiramente só. Lembre-se disso!

---

63. Djehuty, Thot, Tot. Deus Íbis, patrono da magia, sabedoria e escrita.
64. Serket, Serqet, Selket, Selqet. Deusa escorpião, protege contra envenenamentos.

CASTIGO

Ao chegar a um vilarejo, Aset e Heru tiveram uma recepção nada calorosa. Uma senhora, da alta casta, fechou as portas de sua casa evitando um possível pedido de ajuda. Aset não se importou com essa desfeita, mas os escorpiões sim. Uma pescadora, muito humilde, que assistiu à cena, ofereceu abrigo a eles. E Aset e Heru foram com ela. Enquanto eles dormiam, os escorpiões planejaram uma vingança contra a mulher avarenta. Doaram todo o seu veneno ao mais forte deles – Tefen[65] –, que se esgueirou por baixo da porta e ferroou o primogênito da família, matando-o. Ao perceber isso, a mulher soltou um grito lancinante que acordou toda a vizinhança. Ela sabia que havia recebido seu **castigo**.

Energia:	Isfet
Palavras-chave:	Consequências, retribuição, karma

Apesar de Aset ter escolhido ignorar a atitude malcriada, o malfeito teve sua resposta. Isfet sempre gerará mais Isfet! A retribuição cármica é o modo de o Universo restabelecer o equilíbrio, restaurando Maat.

---

65. Os nomes dos escorpiões eram: Tefen, Befen, Mestet, Mestetef, Petet, Thetet e Matet.

NA SUA LEITURA: Esta carta nos lembra de que toda ação gera uma reação. Você está disposto a pagar pelas escolhas que fez ou virá a fazer? Não se trata de um convite à inércia, e sim à reflexão sobre as possibilidades e suas respectivas consequências. Pergunte-se também: como minhas ações afetam a vida das outras pessoas?

LIÇÃO: Nenhuma ação está isenta de julgamento ou consequências.

PERDÃO

Ao ouvir o pranto, Aset seguiu até o local e, lá chegando, entendeu o que havia acontecido e acabou se compadecendo daquela mãe. Ela sabia que aquela perda poderia trazer ainda mais amargor ao coração da mulher. Então, sabiamente, optou por trazer o menino de volta à vida e ensinar à mãe pelas vias da gratidão e do **perdão**. A Deusa colocou suas mãos sobre o corpo inerte e recitou suas palavras de poder para chamar os venenos para fora: "Ó, veneno de Tefen, vem e escorre para o chão! Que a criança viva e o veneno morra!".[66] Em seguida, devolveu o sopro da vida ao menino e o coração da mãe dele se encheu de alegria, leveza e gratidão.

Energia:	Maat
Palavras-chave:	Empatia, amor incondicional, cura

O coração de Aset estremeceu ao testemunhar a dor daquela mãe. A Deusa sentiu como se o próprio Heru tivesse sido atingido mortalmente. Então, com seu amor incondicional, devolveu a vida ao menino e mostrou à mãe dele o poder curativo do verdadeiro amor.

---

66. (RUNDLE CLARK, 1989, p. 194).

NA SUA LEITURA: Esta carta favorece o entendimento em todas as relações, a solução de conflitos, os trabalhos em equipe, as reaproximações e o perdão. Ela também nos lembra do poder da empatia e da necessidade de nos colocarmos no lugar dos outros.

LIÇÃO: Na vida, poucas coisas são definitivas: onde há diálogo, há uma saída.

DISPUTA

*Ao atingir a maioridade, Heru partiu para confrontar Sutekh e retomar o trono que era seu por direito. Como era de se esperar, o encontro não foi nada amistoso. Sutekh, sempre truculento, vociferou contra ele e atentou contra sua vida. Ciente da impossibilidade de uma solução consensual, Heru levou a **disputa** para a Assembleia dos Deuses de Iunu.*[67]

Energia:	Isfet
Palavras-chave:	Discussão, brigas, desafios

Mesmo consciente da ínfima possibilidade de solução pacífica, Heru tentou dialogar com Sutekh. Independentemente do resultado, suas ações ressoaram com Maat e, para ele, este era o caminho correto.

NA SUA LEITURA: A tensão está no ar. Alerta para possíveis conflitos de interesse e desentendimentos à vista. Pode sinalizar disputas reais ou imaginárias. Pergunte-se: quem ou o quê oferece risco? Qual a forma menos danosa de solução? Esta carta aconselha cautela ao falar e agir, pois as emoções encontram-se exacerbadas. Se possível, busque um conselheiro neutro para ajudar a avaliar a situação de forma isenta.

LIÇÃO: A razão é melhor companheira do que a paixão desenfreada.

---

67. Enéada de Iunu (Heliópolis).

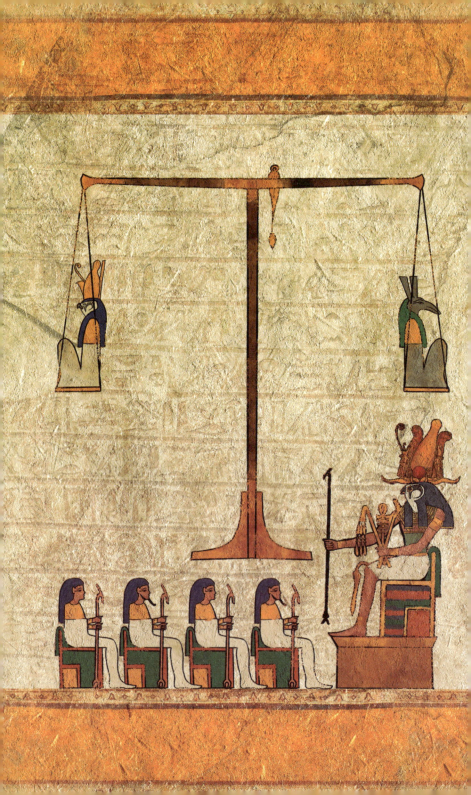

TRIBUNAL

Diante do **Tribunal** *dos Neteru, Heru afirmou que o trono de Khemet deveria ter sido dado a ele, por força do direito hereditário. Porém, Sutekh afirmou ser mais forte do que o sobrinho e, por isso, o trono deveria ser seu. Mesmo assim, os deuses logo proclamaram a vitória de Heru sem esperar a manifestação do supremo Pre-Harakhti.*[68]

Energia:	Maat
Palavras-chave:	Argumentação, análise, incertezas

Enquanto os processos estão em curso, ninguém está totalmente seguro do resultado. A decisão final cabe ao Tribunal. Mas existe um rito, um padrão a ser seguido: todos devem ser ouvidos. Ao não ouvir a opinião de Pre-Harakhti, o rito foi desrespeitado. Assim, o resultado ainda seguiu indefinido.

NA SUA LEITURA: Esta carta nos lembra de que o futuro não está gravado em pedra. É uma realidade dinâmica, construída no presente. A resposta para sua questão ainda segue em aberto. O resultado depende das escolhas e dos esforços que fizer daqui em diante. A carta também favorece a comunicação, argumentação e retórica.

LIÇÃO: O amanhã é uma soma de todas as suas escolhas passadas e presentes.

---

68. Pre-Harakhti, Re-Horakhti, Rá-Harakhty. Deus falcão, supremo criador do Universo. Líder da Enéada de Iunu. Algumas fontes trazem o Deus Atum (Tum) como divindade suprema da Enéada.

VEREDITO

*Pre-Harakhti recusou-se a aceitar a decisão dos demais sem ser ouvido. Muito ofendido com o descuido da Enéada, acreditava que o **veredito** final pertenceria a ele – que era simpatizante de Sutekh e não acreditava que o jovem Heru tinha a experiência necessária para governar. Para Pre, o mais velho teria prioridade sobre o mais novo. Com isso, a confusão tomou conta do Tribunal dos Neteru e o resultado da disputa seguiu indefinido. Qual o caminho para se fazer justiça e restabelecer Maat: hereditariedade ou experiência? Razão ou força bruta?*

Energia:	Isfet
Palavras-chave:	Conservadorismo, padrões, teimosia

Por mais que a maioria absoluta dos Neteru concordasse com a vitória de Heru, Pre-Harakhti precisava ser ouvido. Irredutível, ele afirmou que a idade era o único parâmetro aceitável para resolver o conflito. E isso garantiria a passagem do trono a Sutekh.

NA SUA LEITURA: Esta carta indica certa demora na solução das questões, geralmente atrelada à teimosia dos envolvidos ou à famosa *má vontade*.

Aqui, é preciso tomar cuidado também com padrões repetitivos que podem ser evitados ou modificados. Discordar gratuitamente, sem motivo justo, dificilmente trará bons resultados. Não se prenda ao conservadorismo, nem permita que ideias retrógradas dominem a pauta.

LIÇÃO: Experiência nem sempre é sinônimo de sabedoria. É preciso evoluir!

DESAFIO

Diante da indecisão dos Deuses, Sutekh desafiou Heru: "Deixemos que nossas forças falem por si próprias. Lutemos até a morte!".[69] *Ao dizer isso, Sutekh se transformou em um enorme hipopótamo e lançou-se às águas do Nilo. Heru, desejando resolver logo a disputa, aceitou o **desafio** e fez o mesmo.*

Energia:	Isfet
Palavras-chave:	Rebeldia, inconformismo, insistência

Esta carta inicia uma sequência de Isfet. O mal reverbera e contamina as ações e os pensamentos. Sutekh sempre encontrou grande dificuldade em aceitar as coisas como elas são. Impaciente, recusou-se a esperar a solução no Tribunal dos Neteru e resolveu levar a disputa para a arena. Pior ainda foi a atitude de Heru, que aceitou o desafio sem pestanejar.

NA SUA LEITURA: Esta carta nos lembra de que violência só gera Isfet. Portanto, controle suas emoções e respire fundo para evitar maiores aborrecimentos. Há inúmeras maneiras de resolver as coisas.

Não se deixe levar pela pressão, use o tempo que achar necessário para tomar suas decisões. Não se apresse, nem aceite provocações. Expresse-se de forma clara e consciente.

LIÇÃO: A violência é sinônimo de Isfet. Maat é a chave para a paz.

---

69. Algumas versões do mito dizem que se tratava de um desafio de resistência, que consistiria em sobreviverem submersos por três meses.

ENGANO

*Ao ver aquela cena, Aset sentiu-se compelida a agir. Seu peito se encheu de angústia e, por mais que Heru estivesse crescido, decidiu intervir. Ela tomou um arpão de cobre e lançou-o na água, para atingir Sutekh. Mas acabou atingindo seu próprio filho por **engano**.*

Energia:	Isfet
Palavras-chave:	Acidentes, arrependimento, erro

Na ânsia de ajudar o filho, Aset intervém no conflito e acaba piorando as coisas. Isso nos lembra que nem sempre uma boa intenção leva a um bom resultado. Às vezes, é preciso deixar a paixão de lado e abraçar a razão.

NA SUA LEITURA: Esta carta traz um alerta para a necessidade de refletir sobre suas reais motivações. É um convite à análise objetiva e racional do cenário, das perspectivas e opções. A lente da razão deixará tudo mais claro e você poderá evitar as dores de erros, enganos e acidentes, além de se livrar do fardo de carregar sentimentos de culpa. Deixe a impulsividade de lado, reflita e, assim, fará melhores escolhas.

LIÇÃO: Nem mesmo o bom coração está isento de erros.

REMORSO

Ao se dar conta disso, Aset retirou o arpão da água e lançou-o novamente. Desta vez, atingiu Sutekh como pretendia. "Por que me maltratas, irmã? O que eu te fiz?" – urrou ele. Os gritos de agonia do irmão fizeram o coração da Deusa estremecer de **remorso**. Então, ela acabou removendo o arpão novamente. E isso enfureceu o seu amado Heru.

Energia:	Isfet
Palavras-chave:	Impulsividade, cólera, consequências

Novamente, Aset intervém e, apesar de atingir seu objetivo inicial, acertando o alvo, se arrepende. Isso acabou causando duplo sofrimento: a dor do remorso por se render à ira e a de se indispor com seu próprio filho.

A sabedoria popular tem ditados que ilustram muito bem este episódio, como: "de boas intenções, o inferno está cheio" e "muito ajuda quem não atrapalha". Sempre que as circunstâncias estiverem carregadas de Isfet, é preciso redobrar os esforços para retornar à Maat.

NA SUA LEITURA: Esta carta nos lembra de duas duras verdades: ter razão não é sinônimo de sucesso ou felicidade; e boas ações nem sempre resultam como esperado.

Ela também nos alerta sobre os perigos de dar espaço à ira, em detrimento da razão. Um bom conselho para o momento é o de recolher-se um pouco e evitar se meter em negócios ou questões alheias. Ofereça apoio e ajuda apenas se for solicitado.

LIÇÃO: Temos muito a aprender com os gatos: o verdadeiro amor não sufoca. Dar espaço ao outro também é sinal de afeto.

GUERRA

*A violência do confronto seguiu aumentando desenfreadamente. A **guerra** culminou com uma troca de golpes mortais: Heru teve seus olhos arrancados e Sutekh foi castrado.*

Energia:	Isfet
Palavras-chave:	Danos, retaliação, consequências

Sutekh e Heru pegaram gosto pelo combate e cada golpe era rebatido por outro ainda mais brutal. Um aroma misto de sangue e ódio se espalhou pelo ar, contaminando tudo o que tocava. Isfet gera Isfet! A luta só terminou quando ambos se viram incapacitados para continuar.

NA SUA LEITURA: Esta carta nos ensina que retaliação e vingança não beneficiam ninguém. Um clima hostil sempre gera um desfecho ruim para todos os envolvidos. Você tem sido gentil consigo mesmo? E com os outros? É claro que devemos atender aos nossos próprios interesses, mas é sempre possível pensar em uma maneira de fazer isso sem prejudicar os demais. Faça escolhas conscientes. Pense em como suas escolhas impactam as pessoas à sua volta.

LIÇÃO: A violência não é um caminho válido. Nunca se esqueça: todos somos UM.

CURA

*Mas nem tudo estava perdido. Het-Heru, ama de leite de Heru, recuperou os olhos do Deus e devolveu sua visão. O Deus Heru agradeceu pela **cura** e recuperou as esperanças de conseguir trazer a paz de volta ao mundo. Com os ânimos arrefecidos, Heru e Sutekh retornaram ao Tribunal.*

Energia:	Maat
Palavras-chave:	Esperança, amor, oportunidades

Esta carta é a que põe fim à sequência de Isfet das anteriores. A intervenção de Het-Heru é muito simbólica. Afinal, ela é a Deusa do amor, da música e da alegria, e foi justamente ela quem devolveu a visão a Heru. Ou seja, o amor lhe lembrou de sua verdadeira essência e missão. Heru nasceu para ser o grande *Campeão de Maat*, mas havia se entregado à barbárie e aos maus modos de Sutekh. Não devia ter se deixado influenciar tão facilmente. Het-Heru reconstrói os olhos do Deus: enquanto a ira destrói, o amor cura.

NA SUA LEITURA: Esta carta anuncia um período fértil para as conquistas e o amor. Mesmo que as últimas experiências tenham sido nebulosas, esta é uma chance de curar as feridas do passado e dar novo ânimo ao coração. Ela também favorece a reconciliação e o entendimento em todas as relações. É um bom momento para empreender e inovar.

LIÇÃO: Não há maior poder curativo do que o amor.

DISFARCE

 A fim de evitar maiores intromissões de Aset, o julgamento foi transferido para uma ilha isolada. Ao barqueiro que admitia os visitantes foi ordenado que não permitisse a entrada de mulher alguma. Contudo, Aset tinha um plano. Ela utilizou seus poderes mágicos e se transformou em uma velha senhora, convencendo o barqueiro a lhe dar passagem. Em seguida, adotou o **disfarce** de uma bela jovem e atraiu o olhar de Sutekh, convencendo-o a deixar o Tribunal para falar com ela. A Deusa contou a ele uma história semelhante à situação ali discutida e obteve uma confissão: "Como pode um tio querer usurpar os bens e direitos de herança, se o filho herdeiro ainda vive?". Em seguida, a Deusa revelou sua verdadeira identidade e fez com que Sutekh admitisse suas próprias palavras perante o Tribunal dos Deuses. Diante disso, não havia outra opção, senão reconhecer Heru como o verdadeiro faraó de Khemet.

Energia:	Maat
Palavras-chave:	Sagacidade, artifícios e magia

 Desta vez, a intervenção de Aset não foi maculada pela violência. A *arma* empregada aqui foi a inteligência. A Deusa conseguiu fazer com que as próprias palavras de Sutekh testemunhassem contra ele, levando-o à derrota. Perante o Tribunal, Maat foi invocada para atestar a veracidade das alegações de Aset. Assim foi feito e a verdade prevaleceu.

NA SUA LEITURA: Esta carta sugere soluções criativas para resolver situações estagnadas. O famoso 'pense fora da caixa' é a resposta. Favorece a comunicação e a oratória, tornando seus interlocutores mais receptivos às suas ideias. Esta carta também anuncia um pico de poder pessoal e magnetismo sexual. Aproveite para renovar o visual e ser visto!

LIÇÃO: Cedo ou tarde, a verdade sempre vem à tona.

BOAS NOVAS

*Recém-coroado, Heru viajou ao encontro de seu pai, no Duat, para levar as **boas novas** pessoalmente. No caminho, recebeu homenagens de todos os seres, sendo celebrado pelos vivos e mortos.*

Energia:	Maat
Palavras-chave:	Reencontros, viagens, inícios

A vitória de Heru sobre Sutekh trouxe a paz e a luz de Maat ao mundo e todos os seres sentiram-se gratos. Cheio de alegria, o jovem Deus cruzou os portões do Duat para encontrar o pai.

NA SUA LEITURA: Esta carta favorece os inícios e recomeços. Simboliza a busca e o reencontro, e pode indicar viagens. Por vezes, anuncia a retomada de contato com pessoas do passado. O conselho é avançar, seguir em frente com seus planos, dar vida a suas ideias e a seus projetos. Você receberá o impulso necessário para vencer quaisquer obstáculos no caminho.

LIÇÃO: Poucos prazeres se comparam à sensação do dever cumprido.

DESPERTAR

*Ao chegar, Heru 'abriu a boca'[70] do pai e fez oferendas[71] de incenso. Com isso, o Ka de Asar pôde **despertar**. Então, o jovem Deus exclamou: "Pai, venci! A ordem foi restabelecida! Maat prevaleceu!".*

Energia:	Maat
Palavras-chave:	Desfecho, sucesso, comunicação

Asar encontrava-se inerte. Então, Heru realizou o ritual da *abertura de boca* e fez oferendas diante dele. Quando o jovem Deus anunciou sua vitória, os olhos do pai se abriram. Os braços se entrelaçaram em um forte e longo abraço e ambos souberam que uma nova era havia começado.

NA SUA LEITURA: Esta carta nos traz o sentido de conclusão de etapas e encerramento de ciclos. Anuncia um verdadeiro *virar de página* em sua vida. Favorece a boa comunicação, o entendimento e a reconciliação em todas as esferas.

Fique atento: você pode ser chamado para ajudar alguém que esteja precisando de um ombro amigo e de bons conselhos.

LIÇÃO: A força de toda árvore reside em suas raízes: cultive as suas!

---

70. Ritual que permitia que uma estátua ou múmia respirasse, se alimentasse e falasse.
71. *"O teu filho Heru, campeão do teu nome e do teu santuário, faz oblações para o teu Ka"* (ARAÚJO, 2005, p. 139).

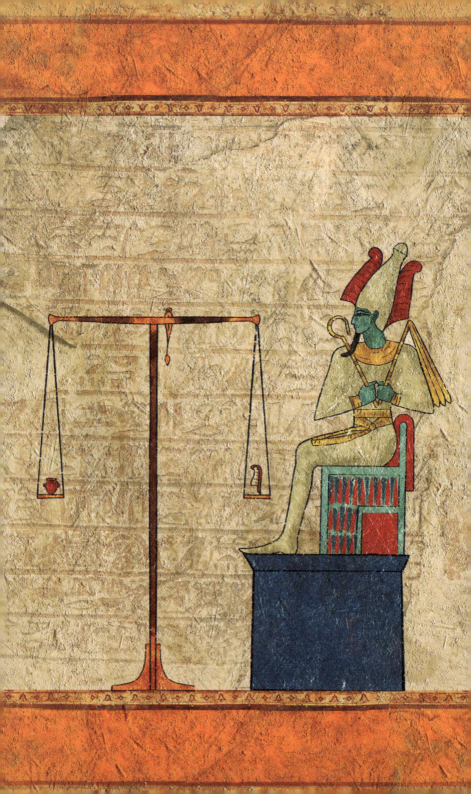

SOBERANIA

*Desperto, Asar ocupou a posição suprema no além vida, como o Senhor de Duat, o Reino dos Mortos. E passou a julgar as almas de todos os que lá chegavam. Desde então, ninguém desafiou sua **soberania**.*

Energia:	Maat
Palavras-chave:	Ascenção, auxílio, transformação

Asar preside o julgamento de todas as almas que chegam ao Duat. Ele atua como verdadeiro arauto de Maat, garantindo um destino justo a todos, sem qualquer forma de favoritismo. Asar mantém seu domínio por força do bom exemplo, e não da força bruta. Temos muito a aprender com ele!

NA SUA LEITURA: Esta carta nos lembra da necessidade de agirmos sempre de acordo com o princípio universal da equidade. Devemos prezar os valores do equilíbrio, da verdade e da justiça em todas as nossas escolhas e ações.

É preciso agir de forma consciente e realizar boas escolhas. Não raro, fazer a coisa certa exige alguns sacrifícios. Acredite: o caminho correto sempre vale a pena! Pergunte-se: o que precisa ser equilibrado? Conte com sua inspiração para encontrar os melhores caminhos e respostas.

LIÇÃO: O melhor sono é o dos justos. Uma consciência tranquila vale ouro.

SEMEADURA

"*Meu corpo para a Terra, minha alma para o Céu*",[72] exclamou Asar. E abençoou a **semeadura** dos campos e o ofício da agricultura. Infundiu a sua energia nas águas e garantiu o retorno das cheias do Nilo. No mesmo momento, a terra de Khemet foi tomada de verde e a fartura da Idade de Ouro foi restabelecida.

Energia:	Maat
Palavras-chave:	Abundância, sucesso e alegria

Por seu amor à criação, Asar abençoou o ofício do agricultor e as cheias do Nilo. Graças a ele, a abundância e a felicidade voltaram a reinar em Khemet. Este foi o seu legado.

NA SUA LEITURA: Esta é uma carta que traz augúrios muito positivos: fertilidade, abundância, alegria e sucesso em todas as esferas. É um bom tempo para colher os resultados das escolhas passadas e dos esforços empreendidos, mas também de lançar as sementes do que deseja colher no futuro próximo.

LIÇÃO: Boas ações geram frutos duradouros. Qual será o seu legado?

---

72. (RUNDLE CLARK, 1989, p. 118).

CONCILIAÇÃO

*Sem escolha, Sutekh cedeu à decisão do Tribunal dos Neteru. Buscando a **conciliação**, ele retirou sua reinvindicação ao trono, reconheceu a legitimidade de Heru como "Rei das Duas Terras"[73] e jurou lealdade a ele. Finalmente, Maat havia prevalecido!*

Energia:	Maat
Palavras-chave:	Vitória, equilíbrio, paz

Para garantir que a paz reinaria verdadeiramente, não bastava o veredito do Tribunal. Era necessária a motivação interna de cada uma das partes, no sentido da reconciliação. Depois de tantas reviravoltas, Sutekh acaba aceitando a oferta de paz feita por Heru e se convence de que Maat foi atingida.

NA SUA LEITURA: Esta carta nos lembra de que não existem conflitos eternos. Até mesmo os opostos podem ser reconciliados em algum ponto, com um esforço de cooperação. Favorece a solução de questões judiciais e disputas de toda sorte. O diálogo e a empatia são essenciais para remover os obstáculos. Talvez seja preciso fazer concessões para chegar a um acordo. Esteja aberto ao diálogo.

LIÇÃO: A paz que você tanto busca pode estar mais próxima do que imagina.

---

73. A expressão 'Duas Terras' refere-se ao Alto e Baixo Egito, a nação unificada.

"Atém-te firmemente à Maat, não a transgridas.
Quando o fim sobrevém, Maat permanece."[74]

---
74. Ptah-hotep (in JACQ, 2002, p. 26-29).

GLOSSÁRIO

ANPU – *Anúbis*. Deus dos mortos, condutor das almas e patrono da mumificação. No Ciclo de Osíris, é considerado filho de Asar e Nebt-Het.

ASAR – *Osíris*. Deus da agricultura, fertilidade, civilidade e do além vida. Soberano juiz das almas.

ASET – *Ísis*. Deusa-Mãe da magia, do amor e da fertilidade. Esposa de Asar e mãe de Heru.

BUTO – *Edjo, Uto, Wadjet*. Deusa serpente, patrona do Baixo Egito e protetora de Khemet.

CICLO DE OSÍRIS – Nome dado ao recorte mitológico que compreende o período entre o reinado terreno de Asar até sua ascensão como Senhor do Duat.

DJEHUTY – *Thot, Tot*. Deus Íbis, patrono da magia e sabedoria, inventor da escrita. Associado ao deus grego Hermes.

DUAT – *Amenti, Akert, Neter-Khertet*. Submundo.

ENÉADA – Grupo de 9 divindades. A mais importante delas é a de Iunu (Heliópolis), formada por Pre-Harakhti (outras vezes por Atum), Shu, Tefnut, Nut, Geb, Asar, Aset, Sutekh e Nebt-Het.

ÉONS – Eras.

GEB – Deus da terra. Marido de Nut, a Deusa dos céus. Pai de Asar, Aset, Sutekh e Nebt-Het.

HEKA – Magia, força vital que permeia toda a criação. Palavras de poder.

HERU – *Hórus*. Deus solar, é a forma adulta de Heru-Pa-Khered. Filho de Aset e Asar. Defensor dos inocentes contra todas as injustiças terrenas.

HERU-PA-KHERED – *Harpócrates*. 'Heru criança' é uma forma de 'Heru-Sa-Aset', filho de Aset. (Vide carta Heru-Pa-Khered.)

HET-HERU – *Hathor*. Deusa protetora das mulheres e crianças, da beleza, do amor e da alegria. (Vide carta Het-Heru.)

ISFET – Força contrária a Maat. Representa o caos e a injustiça.

IUNET – *Dendera*. Centro de culto de Het-Heru na antiguidade, cidade localizada na margem ocidental do Nilo.

IUNU – *Heliópolis*. Centro de culto da Enéada. O nome significava 'a cidade das colunas', em razão dos muitos obeliscos erguidos em honra ao deus Ré.

KA – O corpo duplo. "Considerado uma cópia do corpo físico (comparar com a concepção contemporânea de 'corpo astral ou fluido')" (HARRIS, 2004, p. 17).

KHEMET – Antigo Egito.

MA-A KHERU – 'A voz verdadeira'. Alguém realmente comprometido com a verdade e a justiça.

MAAT – *Ma'at, Ma'et*. O princípio fundamental da religião, vida e pensamento egípcios. A ordem cósmica, a lei universal, o caminho reto, a integridade, a precisão e a justiça absolutas. Deusa da verdade e justiça.

NEBT-HET – *Néftis, Nephthys*. Irmã e esposa de Sutekh. Mãe de Anpu.

NETER – Deus(a).

NETERU – Deuses(as).

NUT – Deusa dos céus. Esposa de Geb, o Deus da terra. Mãe de Asar, Aset, Sutekh e Nebt-Het.

PRE-HARAKHTI – *Re-Horakhti, Rá-Harakhty*. Deus Falcão, supremo criador do Universo. Líder da Enéada de Iunu. Algumas fontes trazem o Deus Atum (Tum) como divindade suprema da Enéada.

SEKHMET – *Sakhmet, Sekhet, Sakhet*. ´A Poderosa´. Deusa da guerra e da medicina.

SERKET – *Serqet, Selket, Selqet*. Deusa escorpião, aquela que protege contra envenenamentos.

SUTEKH – *Set, Seth*. Deus do deserto e do trovão. Irmão de Asar, Aset e Nebt-het.

TEFEN – O mais forte dos sete escorpiões mágicos dados a Aset pela Deusa Serket. (Vide cartas Guardiões, Castigo e Perdão.)

BIBLIOGRAFIA

ALMOND, Jocelyn. *Egyptian Paganism for Beginners: Bring the gods & goddesses of Ancient Egypt into daily life*. Woodbury: Llewellyn Publications, 2004.

ARAÚJO, Luís Manuel de. *Mitos e Lendas do Antigo Egipto*. Lisboa: Livros e livros, 2005.

CAMPBELL, Joseph. *O Herói de Mil Faces*. São Paulo: Pensamento--Cultrix, 1997.

CARABAS, Markus. *Hórus: A história e o legado do antigo deus egípcio, filho de Ísis e Osíris*. Charles River Editors, Kindle Edition, 2018.

CHAPOT, Gisela. *O Senhor da Ordenação: Um estudo da relação entre o faraó Akhenaton e as oferendas divinas e funerárias durante a Reforma de Amarna (1353 - 1335 a. C.)*. Orientador: Marcos José de Araújo Caldas. 2007. 300 f. Dissertação (Mestrado) – Pós-graduação em História, Instituto de Ciências Humanas e Filosofia, Universidade Federal Fluminense, Niterói, 2007.

CLARK, T. Rundle. *Símbolos e Mitos do Antigo Egito*. São Paulo: Hemus, 1988.

CLARK, Rosemary. *The Sacred Magic of Ancient Egypt: The spiritual practice restored*. Woodbury: Llewellyn Publications, 2011.

CLARK, Rosemary. *The Sacred Tradition in Ancient Egypt: The esoteric wisdom revealed*. Woodbury: Llewellyn Publications, 2000.

ELIADE, Mircea. *Essential Sacred Writings from Around the World*. New York: Harper Collins Publishers, 1991.

GARDINER, Alan Henderson. *Description of a Hieratic Papyrus with a Mythological Story, Love-songs, and Other Miscellaneous Texts*. Volume 1 of Chester Beatty Papyri. Oxford: Oxford University Press, 1931.

BIBLIOGRAFIA | **159**

GRAHAM, Sasha. *365 Tarot Spells*. Woodbury: Llewellyn Publications, 2018.

GRAHAM, Sasha. *Tarot Fundamentals*. Woodbury: Llewellyn Publications, 2018.

ELLIS, Normandi. *Deusas e Deuses Egípcios: Festivais de luzes*. São Paulo: Madras, 2003.

HAMILTON, R. *Antiguo Egipto: El imperio de los faraones*. Bath: Parragon Books, 2006.

HARRIS, Eleanor L. *Magia e Divinações do Antigo Egito*. Rio de Janeiro: Nova Era, 2004.

HART, George. *A Dictionary of Egyptian Gods and Goddesses*. New York: Routledge, 1993.

HOPE, Murry. *Practical Egyptian Magic*. Wellingborough, Northamptonshire: Aquarian Press, 1986.

JACQ, Christian. *A Sabedoria Divina do Egito Antigo*. Rio de Janeiro: Bertrand Brasil, 2002.

JACQ, Christian. *O Mundo Mágico do Antigo Egito*. Rio de Janeiro: Bertrand Brasil, 2001.

JASNOW, R. *A Late Period Hieratic Wisdom Text*. (P. Brooklyn 47.218.135). Chicago: The Oriental Institute, 1992.

LUBICZ, R. A. Schwaller de. *Esoterism and Symbol*. Rochester: Inner Traditions International, 1985.

LUBICZ, R. A. Schwaller de. *Sacred Science: The king of pharaonic theocracy*. Rochester: Inner Traditions International, 1982.

LURKER, Manfred. *Gods and Symbols of Ancient Egypt: An illustrated dictionary*. New York: Thames & Hudson, 1980.

MASPERO, G. *Textos Sagrados das Pirâmides*. Rio de Janeiro: Livros do Mundo Inteiro, 1981.

MARQUIS, Melanie. *The Spellcaster's Handbook*. Woodbury: Llewellyn Publications, 2019.

PAGE, Judith. *Invoking the Egyptian Gods*. Woodbury: Llewellyn Publications, 2011.

PAGE, Judith. *Pathworking with the Egyptian Gods*. Woodbury: Llewellyn Publications, 2020.

PINCH, Geraldine. *Egyptian Mythology: A guide to the gods, goddesses, and traditions of Ancient Egypt*. Oxford: Oxford University Press, 2004.

PINCH, Geraldine. *Magic in Ancient Egypt: Revised edition*. Austin: University of Texas Press, 2010.

PLUTARCH (PLUTARCO). *On Isis and Osiris*. Lazy Raven Publishing, Kindle Edition, 2017.

PRIETO, Claudiney. *O Novo Tarô de Marselha*. São Paulo: Alfabeto, 2016.

PRIETO, Claudiney. *Oráculo da Grande Mãe: Divinação, magia e espiritualidade com os arquétipos da Deusa*. São Paulo: Alfabeto, 2017.

REED, Ellen Cannon. *Ancient Egyptian Magic for Modern Witches: Rituals, meditations, and magical tools*. Newburyport: Weiser Books, 2021.

REGULA, DeTraci. *Os Mistérios de Ísis*. São Paulo: Madras, 2004.

RIGGS, Christina. *Ancient Egyptian Magic: A hands-on guide*. New York: Thames & Hudson, 2020.

SHAFER, Byron E. *Religion in Ancient Egypt: gods, myths, and personal practice*. Ithaca: Cornell University Press, 1991.

SIUDA, Tamara L. *The Ancient Egyptian Prayerbook*. Portland: Stargazer Design, 2009.

VERSLUIS, Arthur. *Os Mistérios Egípcios*. São Paulo: Círculo do Livro, 1998.

WILKINSON, Richard H. *The Complete Gods and Goddesses of Ancient Egypt*. New York: Thames & Hudson, 2003.